la
creación literaria

ángel flores
y
kate flores

poesía feminista del mundo hispánico
(desde la edad media hasta la actualidad)
antología crítica

siglo veintiuno editores, s. a.

edición al cuidado de maría luisa puga
portada de anhelo hernández

primera edición, 1984
© siglo xxi editores, s. a. de c. v.
ISBN-968-23-1279-5

ÍNDICE CRONOLÓGICO

6

Otro modo de ser humano y libre.
Otro modo de ser.

ROSARIO CASTELLANOS

AGRADECIMIENTOS

A las bibliotecarias de Paul Klapper Library, de Queens College, por su generosa y cortés ayuda: Mimi Penchansky, Isabelle Taler y Ruth Hollander y Rachelle Winchel.

También hacemos constar nuestra gratitud a colegas y ex alumnos que nos procuraron o sugirieron textos, o que mostraron interés por nuestra antología: la historiadora Jean Christie, Lisa E. Davis, Juan Flores (Queens College), la escritora mexicana Isabel Fraire, Margit Frenk (El Colegio de México), Rubén González (SUNY, Old Westbury), Yanis Gordils (Hunter College), Nancy Guevara, el profesor Martín de Riquer (Universidad de Barcelona) y la artista y poeta chilena Cecilia Vicuña.

INTRODUCCIÓN

Desde que la península ibérica fue colonia romana y el latín su lengua oficial, las mujeres han venido componiendo canciones y poemas. Hasta nosotros han llegado reminiscencias de algunas de esas mujeres: Pola Argentaria, alabada por su contemporáneo Marcial (40-104 d. c.) y siglos después por Lope de Vega; la poeta y filósofa estoica Teófila, y Serena, apasionada lectora de Homero y Virgilio.

La caída del Imperio romano y las invasiones posteriores dieron lugar a una mezcla de culturas —particularmente cristianas, árabes y hebreas—, lo que a la larga condujo a la transformación del latín vulgar en las lenguas ibéricas (español, catalán y gallego), las que a su vez fueron penetrando la poesía árabe y hebrea. Así, a menudo dos, tres o cuatro líneas en español se añadían a los poemas estróficos árabes conocidos como *moaxajas*. Tales líneas, llamadas *jarchas*, son la más antigua expresión lírica en lengua española: eran pequeñas unidades poéticas, recitadas o cantadas por un personaje, que por lo general es una joven que aparece en la estrofa inicial, dirigiéndose a su admirador, ya sea quejándose de su osadía, sugiriendo una cita o anhelando que no la abandone, o bien a su madre o hermana para alabar la apostura del amado o lamentar su ausencia. También los poetas hebreos añadían jarchas a sus poemas: incluso la misma jarcha aparece a menudo tanto en diversas *moaxajas* árabes como al fin de poemas hebreos.

Las jarchas fueron las precursoras de innumerables canciones y romances anónimos, forma principal de comunicación popular antes de que se generalizara el uso de la imprenta en España. A pesar de la difusión de la lectura, siguieron siendo parte integral de la cultura española, cantándose en tabernas y posadas. Todavía hoy se cantan algunas en todo el mundo hispánico, al igual que en África del Norte y el Cercano Oriente, adonde llegaron con los judíos sefarditas cuando se les expulsó de tierras españolas.

La mayoría de estas coplas y canciones hablan de las hazañas de los hombres en la guerra y el amor, pero algunas son "canciones de mujeres", improvisaciones que hacían aquellas cantantes que a menudo acompañaban su música y su poesía con pintorescas danzas. Estas "canciones de mujeres" expresan a menudo sentimientos acerca de las dificultades con los hombres, ya sean amantes o esposos infieles. También se quejan de las opresivas costumbres de la época, como el matrimonio forzoso y el confinamiento en los conventos de monjas, el casamiento durante la minoría de edad, los padres brutales y tiránicos, el incesto y la baja posición social generalizada de la mujer. Iniciamos esta antología con algunas de tales canciones y coplas anónimas, que podrían considerarse como los más tempranos poemas feministas en lengua española y que han sido tomadas de *Cancioneros* y *Romanceros* compilados a partir del siglo XVI.

En tales recopilaciones no sólo encontramos aquella vena popular, sino también el fuerte influjo que los trovadores provenzales tuvieron sobre la aristocracia ibérica, aristocracia que produjo sus propios trovadores entre los que se contaron numerosas mujeres, pues la composición musical y poética se consideró de buen tono entre ellas. Bertranda de Forcadels organizó un auténtico Parnaso en la corte del rey Martín de Aragón. Guillema de Sales, esposa del trovador y conde Hug, estableció en su castillo de Mataplana un verdadero centro literario. Entre tantos poetas de la corte que florecieron durante el reinado del rey poeta Juan II de Castilla (1406-1458) se encontraban Catalina Manrique, Marina Manuel, la reina Ana, esposa de Enrique II, Vayona (llamada así quizá por haber nacido en Bayona, Francia) y, por encima de todas, Florencia Pinar (fines del siglo XV), de quien incluimos dos canciones. Dama de la corte de Isabel I, Florencia fue una de las primeras mujeres poetas de habla española que firmó con su propio nombre sus composiciones, cuyo brillo y complejidad anticipaban ya ciertos rasgos del barroco.

Y no era la excepción. Beatriz Galindo (1475-1514) fue una filósofa y lingüista consumada que enseñó latín a la reina Isabel. Llamada la Latina, formó en palacio un círculo en el que leyó y discutió sus *Comentarios sobre Aristóteles* y otros escritores clásicos. Fundó asimismo, en Madrid, el llamado precisamente Hospital de la Latina.

Otra mujer erudita fue Luisa Sigea (1530-1560), llamada la Toledana, la cual, cuando tenía dieciséis años, escribió una carta al papa Pablo III en latín, griego, árabe y siriaco; *Cintra*, poema extenso escrito en latín y publicado en París, le ganó amplio reconocimiento en toda Europa. Dom Manuel, rey de Portugal, la trajo a Lisboa, ciudad en la que organizó un círculo literario y fue preceptora de la infanta Domna María.

La Edad de Oro española (mediados del siglo XVI-mediados del siglo XVII) se vio marcada por una cierta reacción ante la generalizada actitud antifeminista que caracterizó a la Edad Media, cuando casi toda la educación se dirigía a los hombres y obras como el *Libro de los engaños e asayamientos de las mugeres* (1253) y *El corbacho* (c. 1466), otro mordaz ataque a las mujeres, eran extremadamente populares. No obstante, Cervantes (1547-1616) y Lope de Vega (1562-1635) describieron con frecuencia a las mujeres como seres fuertes, heroicos y llenos de virtudes, y no como seres débiles y malvados. Ambos rindieron culto a su contemporánea santa Teresa de Ávila (1515-1582), ese genio polifacético cuya autobiografía ha sido comparada con

14

las *Confesiones* de San Agustín. Santa Teresa escribió también poemas místicos y obras en prosa tan capitales como *Camino de perfección* (1565) y *El castillo interior* (1577). Reformista inflexible de lo que consideraba normas laxas, buscó el regreso a la disciplina y la negación de sí rigurosas, viajó por toda España arrostrando el mal tiempo, los malos caminos, las sucias posadas y el hostigamiento de la burocracia eclesiástica (permisos concedidos y revocados después, litigios, confinamientos) para fundar más de veinte conventos de carmelitas descalzas y, en colaboración con san Juan de la Cruz, quince conventos de frailes. En la búsqueda de que no se tratara peor a sus monjas descalzas que a los frailes, les aconseja —y en ello se incluye a sí misma— "tolerancia paciente / vistas las cosas". Santa Teresa consideraba "devociones a bobas" "los rezos maquinales" a que "tan aficionadas son las mujeres devotas" e insistía en tener libros en los conventos "porque es en parte este mandamiento tan necesario para el alma como el comer para el cuerpo".

Otra mujer admirada por Lope de Vega fue la tempestuosa Catalina de Erauso (1592-1625), aquella Monja Alférez que compitió con los conquistadores en la exploración del Nuevo Mundo. Su autobiografía, que describe veinte años de aventuras en dos continentes con ropa de hombre, hace que en comparación las novelas picarescas de la época parezcan insípidas.

El mismo Lope alabó a María de Zayas (1590-

1660). Aunque casi olvidada, fue la primera mujer novelista de España y una, además, que expresó de manera clara ideas feministas. En los prefacios a sus *Novelas amorosas exemplares* (1637, 1647), condena la doble norma, aconseja a las mujeres que sientan el orgullo de su sexo y exige "igualdad de derechos", pues "las almas no son hombres ni mujeres", palabras que luego volveremos a encontrar en sor Juana. Las mujeres están lejos de ser estúpidas, sino que, "en empezando a tener discurso las niñas, pónenlas a bordar y hacer vainicas. . . Si nos dieran libros y preceptores, fuéramos tan aptas para los puestos y las cátedras como los hombres y quizás más agudas". Por toda la obra de María de Zayas, como punzante *leitmotiv*, aparece el hombre que engaña, acusa, abandona o castiga injustamente. Ello lleva a que la novelista escriba frases de este tenor: "No lleváis otro designio sino perseguir nuestra inocencia, aviltar nuestro entendimiento, derribar nuestra fortaleza, y haciéndonos viles y comunes, alzaros con el imperio de la informal fama." En fin, María de Zayas considera al hombre como fuente de vicisitudes: "¿Cómo queréis que ésta sea buena, si la hicisteis mala y enseñáis a serlo?"

No puede haber mejor ejemplo de ello que la última gran estrella de la Edad de Oro, sor Juana Inés de la Cruz (1651-1695), monja admirable que nació y murió en México, reducto en aquella época del Imperio español conocido como Nueva España. Sor Juana fue una niña prodigio en gran medida autodidacta, y en su adolescencia formó parte de la corte del virrey, a la que abandonó para volverse monja con la esperanza de proseguir sus estudios en muy diversos campos. No obstante, su sed de conocimientos la puso en conflicto con sus superiores eclesiásticos, quienes le aconsejaron que se limitara a los asuntos religiosos. Su elocuente *Respuesta a sor Filotea* (1693), en que defiende su derecho al conocimiento, es uno de los documentos capitales de la lucha por la emancipación intelectual de la mujer; recientemente fue publicado en Barcelona como "El primer manifiesto feminista". La aguda conciencia de sor Juana acerca de las reprimidas potencialidades de la mujer, expresada en poesía y en prosa, hace de ella la primera feminista del Nuevo Mundo, y una de las mejores. Aquí se han incluido algunos fragmentos de su vasta obra, así como dos villancicos poco conocidos dedicados a santa Catalina de Alejandría (Egipto, siglo III), una de las primeras heroínas en la larga historia del feminismo.

Con el tiempo, la brillante voz de sor Juana fue silenciada, y ante la impugnación insuperable de la Iglesia gobernante, durante más de cien años no se escuchó en el mundo hispánico ninguna otra voz ni siquiera remotamente parecida. Durante los siglos XVIII y XIX el analfabetismo era la norma entre las mujeres, aun cuando en la primera mitad del siglo XVIII, bajo Felipe V (1701-1746), nieto de Luis XIV de Francia, España pasó por una suerte de renacimiento que

17

trajo consigo un crecimiento comercial e industrial, así como vastas obras públicas y un programa cultural amplio. Se establecieron escuelas, se trajeron científicos y técnicos extranjeros, se crearon becas de estudio en Francia y en otros países europeos así como numerosas instituciones: la Biblioteca Nacional (1711), la Academia de la Lengua (1714), la Academia de Medicina (1734) y la Academia de Historia (1738). Este período borbónico de reconstrucción e ilustración se extendió por los reinados de Fernando VI (1746-1759) y de Carlos III (1759-1788), monarca inteligente y dinámico, abierto a las ideas racionalistas ilustradas que prevalecían entonces en Inglaterra, Francia, Alemania y Norteamérica, con sus persuasivos argumentos en pro de los derechos del hombre y, a veces, hasta de la mujer. Ardiente admirador del padre Benito Feijoo (1676-1764), filósofo y enciclopedista gallego y uno de los primeros defensores de la mujer en España, Carlos III se esforzó por atraer a las mujeres a sus planes y consiguió que fueran aceptadas en la Real Sociedad Económica, después de un tórrido debate, María Isidra de Guzmán (1768-1805) y la marquesa de Peñafiel. Para ese entonces España se encontraba rabiosamente dividida entre una minoría culta que favorecía la importación de la modernidad europea y los "castizos" o conservadores que se aferraban a las viejas tradiciones españolas. Éstos llamaban "afrancesados" a los innovadores y se oponían a que las mujeres participaran en los asuntos na-

18

cionales, escribieran, publicaran o incluso que invadieran los dominios tradicionalmente masculinos, tales como las universidades y academias. No obstante, Josefa Amar (1753-1803) fue admitida en la Real Sociedad Económica de Aragón y publicó un juicioso estudio sobre la educación de las mujeres (1790), así como un notable *Discurso en defensa del talento de las mujeres, y de aptitud para el gobierno y otros cargos en que se emplean hombres*.

Otra defensora de las mujeres fue Margarita Hickey (1757-1793), iniciadora en el campo de la traducción del teatro clásico francés y ella misma poeta, que solía afirmar que las mujeres, si se lo proponían, podían sobrepasar a los hombres tanto en las ciencias como en las artes. Los "castizos" se referían a tales mujeres llamándolas *femmes savantes* y *précieux ridicules* y continuamente se mofaban de ellas. Un gacetillero contaba de una escritora que llamaba a su cocina "mi volcán doméstico" y al vaso "la cárcel del agua". Otro describía a una dama que para pedirle a un cochero que la condujera a la Puerta del Sol, le gritaba: "Auriga, transpórtame a las regiones do moral Febo."

Apenas sorprende que durante el reinado reaccionario de Carlos IV (1788-1808), el inepto hijo de Carlos III, el progreso de las mujeres topara con serios obstáculos y sus problemas no encontraran casi forma de expresión. De ahí que la obra de María de las Mercedes Gómez Castro, *Pintura del talento y carácter de las mujeres*, pese a haber sido aprobada por el censor, el famoso dramaturgo Leandro Fernández de Moratín, nunca llegara a publicarse ante el comentario desfavorable del vicario (1797). En 1798, una novela de Inés Joyes y Blake, intitulada *El príncipe de Abisinia,* denunció el trato injusto que los hombres daban a las mujeres y logró ser publicada, aunque sólo porque pasó por traducción del inglés. En "Apología de las mujeres", apéndice a su novela, se lee que no puede soportar el ridículo papel que las mujeres han de desempeñar en este mundo, sea que se las idolatre como a diosas, sea que se las menosprecie, aun por hombres tenidos por sabios. Según ella, son amadas, odiadas, alabadas, vituperadas, reverenciadas, respetadas, despreciadas y censuradas.

La represión contra la voz femenina continuó a lo largo del siglo XVIII, un siglo en el que el país, agotado por las guerras prolongadas y las pasmosas derrotas en mar y tierra, prácticamente se había estancado cultural y económicamente. No fue sino a fines del siglo XIX cuando pudieron las mujeres dejar sus hogares, pero sólo para ser brutalmente explotadas en fábricas y talleres, con jornadas interminables, salarios bajos y todo tipo de malos tratos, si bien algunos de sus agravios comenzaron a ser expresados, a veces a través de canciones y poemas, en los boletines y periódicos de gremios y sindicatos. Además de este fermento laboral, las mujeres españolas cultas de todas las clases comenzaron a buscar el reconocimiento que las mujeres del resto de Europa em-

20

pezaban a obtener. Proclamando su individualidad, su identidad, su derecho a participar en los asuntos políticos, exigían por sobre todo educación para la mujer. En 1873, en Madrid, *La Ilustración de la Mujer*, una nueva revista, publicó un poema de Ermelinda Ormaeche y Begoña, en el que la autora se burla de la idea de que el conocimiento sea dañino para las mujeres y subraya la importancia social de las madres instruidas. Muchas mujeres, traspasando los muros del hogar, buscaban aligerar las intolerables condiciones sociales.

En esta lucha fueron iniciadoras tres mujeres notables de Galicia, la remota región del noroeste de España, a menudo llamada la Irlanda española, cuya rebelión de 1846 fue brutalmente sofocada y sus líderes ejecutados o encarcelados. Concepción Arenal (1820-1893) logró completar su educación en la Universidad madrileña vestida de hombre. Conocida internacionalmente como socióloga y crítica inflexible del inhumano sistema penal español, escribió un estudio sobre Feijoo así como numerosos libros sobre la condición de la mujer, entre los que se cuentan *La mujer española, La mujer de su casa, La condición social de la mujer en España* y *La mujer del porvenir*. Rosalía de Castro (1837-1885), poeta destacada de la España del siglo XIX, expresó su vehemente simpatía por el oprimido campesinado gallego y por la condición de sus mujeres, en quienes recaía con mayor severidad la carga de la pobreza, así como también por las mujeres

21

que se esforzaban en ser escritoras en una época de dominio masculino dentro del ambiente literario. Emilia Pardo Bazán (1851-1921), figura prominente de la literatura española, escribió unos cincuenta libros de poesía, ficción y crítica. Su obra en tres volúmenes, *La revolución y la novela en Rusia* (1887), cambió el curso de la novela realista en España. Obtuvo notoriedad por su defensa del naturalismo, movimiento que muchos de sus contemporáneos habían rechazado por considerarlo sórdido e inmoral, pero que ella aprovechó para exponer abiertamente, en memorables novelas y cuentos, la suciedad, la violencia y la corrupción que predominaban en Galicia y en el resto de España.

Emilia Pardo Bazán se declaraba "una feminista radical", aunque rara vez se destaque este hecho. La escritora creía que todos los privilegios debían recaer tanto en el hombre como en la mujer y afirmaba que es en los países pobres en donde se considera a la mujer como bestia de carga y objeto sexual; es más, los españoles fingen siempre preocupación por el amor de las mujeres y no hay un obstáculo mayor para su progreso, ya que perpetúa la batalla entre los sexos que ha existido desde los tiempos primitivos. Tradujo además al español la obra de John Stuart Mill, *The subjection of women*, y no sólo escribió igualmente un estudio sobre Feijoo sino que prosiguió con la labor que éste se propuso de traer a España ideas científicas, empeñándose en la elaboración de una nueva enciclopedia que extraía su inspiración de la del propio Feijoo. En 1916 se creó para ella una cátedra de literatura comparada contemporánea en la Universidad de Madrid, que ocupó hasta su muerte. Aunque nunca perdió las esperanzas de ser admitida en la Real Academia Española, siempre, hasta hoy, se ha excluido a las mujeres.

Mientras tanto, en la Hispanoamérica del siglo XIX, cada vez más mujeres trabajaban como tabaqueras, textileras, costureras, maestras y, por su parte, las intelectuales de clase media se aplicaban a los problemas sociales y políticos de sus países. En Buenos Aires, Lima y Santiago de Chile impartían conferencias, fundaban sociedades y periódicos orientados fundamentalmente a la educación de la mujer. La chilena Rosario Orrego de Uribe escribió un largo poema, "La instrucción de la mujer", que exigía la solución del problema. La peruana Clorinda Matto de Turner (1852-1909) editó varios diarios y escribió novelas provocadoras, entre las que destaca *Aves sin nido* (1889), en la que describe el sufrimiento de los indios en manos de terratenientes y clero. También su compatriota y amiga, la novelista Mercedes Cabello de Carbonera (1849-1909), fue una activista infatigable. Adela Zamudio (1854-1928), boliviana, describiría a su vez con ira y compasión la suerte de la mujer en un mundo masculino.

Pero en España a las feministas se las despreciaba, insultaba y aun encarcelaba y, pese al impulso liberalizador de la generación de 1898,

23

el feminismo se desarrollaba muy lentamente. En un congreso femenino internacional llevado a cabo en Berlín por el año 1904, una delegada francesa exclamó: "¡Como siempre, las españolas brillan por su ausencia!" Cuando en 1907 Carmen de Burgos planteó al parlamento español el sufragio femenino, no sólo los conservadores sino también muchos republicanos y socialistas votaron en contra. No fue sino con la breve república de 1931 que las mujeres ganaron el derecho al voto, pero cuando la primera elección en la que participaron dio el poder a los conservadores, se las culpó a ellas; incluso los anarquistas opinaron que el sufragio femenino era una "calamidad". Pero Dolores Ibarruri (la Pasionaria) no se dejó amedrentar y exigió "la renovación completa de nuestras costumbres: derecho al trabajo, iguales salarios, protección de las madres, investigación de la paternidad, divorcio sin ninguna traba jurídica ni económica, aborto, guarderías infantiles, abolición de la discriminación sexual en las profesiones... Nadie como las mujeres han de ayudar a limpiar la carroña fascista y reaccionaria". Con la victoria de Franco, todo lo que se había ganado pareció perdido, aunque algunas mujeres prosiguieron la lucha en la clandestinidad y, desde el fin de la dictadura (1975), se ha progresado mucho: un buen número de mujeres entran en las universidades, ocupan puestos en el gobierno, en la industria, en las casas editoras y en las librerías, y en todas las profesiones en general. Pero, como observa Lidia Falcón en

Mujer y sociedad (1969), el feminismo es una palabra vacía en la mente de los españoles. Ni siquiera puede decirse que el feminismo español haya fracasado, nos dice María Aurelia Capmany en *El feminismo ibérico* (1970), pues no ha llegado a presentarse en la liza.

La poesía feminista no es necesariamente la labor de feministas declaradas, sino de poetas que sencillamente mostraron el suficiente valor para hacer escuchar sus propias voces. De la última década del siglo XIX al final de la primera guerra mundial, un resurgimiento de la poesía conocido como modernismo, fuertemente influido por los decadentistas franceses Verlaine, Rimbaud y Baudelaire, recorrió todos los países del Nuevo Mundo al punto de que, por primera vez en la historia, la madre patria se vio sobrepasada y dejó de servir como modelo. Con esta explosión poética, las mujeres inundaron las prensas con sus poemas, pero la mayoría se concretaría a imitar a los hombres, que se inclinaban por un arte hermético y deshumanizado. Hubo algunas excepciones, entre las que destacan la chilena Gabriela Mistral (1889-1957), la argentina Alfonsina Storni (1892-1938) y dos uruguayas, Delmira Agustini (1886-1914) y Juana de Ibarbourou (1895-1979), creadoras todas ellas de una lírica intensamente personal. Aunque ninguna fue feminista en un sentido activo, todo en su poesía y en sus vidas se rebelaba en contra de la sumisión tradicional de la mujer. Gabriela Mistral fue una gran humanitaria; uno de sus temas principales era la tragedia de no tener hijos, que ella convirtió en un amor profundo, no sólo por los niños sino por la humanidad entera. También el tema de Delmira Agustini se centró básicamente en la tragedia de la maternidad frustrada. Al sondear la esencia de la pasión femenina, encontró la necesidad elemental de un contenido intelectual y espiritual, rechazando el puro amor físico por ser incapaz de crear la "otra estirpe" que ella anhelaba. Alfonsina Storni, quien con un hijo natural luchó amargamente dentro de su sociedad dominada por los hombres, escribió poemas irónicos y a menudo mordaces. La espontaneidad de Juana de Ibarbourou, su cálido erotismo y su ágil fraseo demostraron ser refrescantes y la popularización en todo el continente, donde se la conoció como Juana de América.

La siguiente generación de mujeres poetas se vio obligada a adoptar una postura más realista ante los graves acontecimientos históricos (la primera guerra mundial, la revolución rusa, el fascismo, la guerra civil española), como nos lo muestra en forma dramática la poesía de la española Ángela Figuera (1902-1984). Aunque al inicio escribió con aire subjetivo sobre su feliz vida familiar y la belleza del paisaje, al término de la guerra civil desplazó su atención hacia "un mundo malherido y difícil... Todos mis libros responden a ese clima de solidaridad con los problemas y sufrimientos de nuestro tiempo". Se la conoce por sus vívidos retratos de lavanderas, sirvientas, prostitutas y amas de casa oprimidas, y es también autora de uno de los poemas más agudos sobre la maternidad como esclavitud por la conservación de la especie ("Madres"). También Gloria Fuertes (1918-   ) vivió la guerra civil española, lo que, según sus propias palabras, la convirtió en pacifista; con el brío típico de los españoles, ridiculizó la civilización creada por los hombres, incluyendo a banqueros y eclesiásticos. Aunque su ingenio indomable y su fértil y a menudo surrealista fantasía la hacen parecer una humorista al estilo de Ramón Gómez de la Serna, su íntima preocupación es la condición humana, los desheredados y oprimidos: "Yo no puedo pararme en la flor / me paro en los hombres que lloran al sol", y entre aquellos que lloran incluye a las mujeres, vituperando a sus explotadores, a quienes llama tigres ("los hombres son tigres"). Al igual que Gabriela Mistral y Ángela Figuera, trata asimismo el problema de la maternidad en un mundo de hombres, aunque en una vena más ligera. Incluimos aquí algunas muestras de su vasta producción, en las que se observa una profusión de juegos de palabras, a la vieja usanza española. El poema "¡Hago versos, señores!", por ejemplo, es un tejido de equívocos alrededor de las palabras "casa", "cosa" y "caso".

En Hispanoamérica, una contemporánea de Gloria Fuertes, la uruguaya Idea Vilariño (1920-   ) escribe con un mayor compromiso político, aunque después del golpe militar en su país un tono casi lúgubre penetró su obra. La mexicana Rosario Castellanos (1925-1974) combina una mirada filosófica con una perspectiva histórica bien fundada, tanto en sus novelas como en sus poemas, en los que emplea complejos de una imaginería sorprendente, como en "Jornada de la soltera", un tratamiento más del tema de la mujer sin hijos. Habiendo sido una estudiosa a fondo de los problemas de la mujer, en "Meditación en el umbral" entre otros sugiere que no se ha encontrado la solución y que requiere "Otro modo de ser humano y libre / otro modo de ser". Su vigorosa declaración abrió el camino a una nueva generación de mujeres poetas nacidas después de 1937, procedentes de diversos países pero todas con una clara comprensión de los problemas de la mujer contemporánea en tanto que mujer, como en el caso de la española Juana Castro (1948-   ).

Si en el mundo hispánico el desarrollo de la poesía feminista fue lento, en los años recientes ha florecido. España cuenta con un fuerte movimiento feminista tanto en Madrid como en Barcelona, así como con muchas librerías y publicaciones de mujeres, como la revista *Urogallo*, que presenta la nueva escritura tanto de hombres como de mujeres. También en Hispanoamérica las mujeres han organizado sus propias sociedades en cada país del continente, así como un congreso panamericano que se reúne con regularidad, y también ellas cuentan con librerías y periódicos propios, como la revista *Fem* de México, una de las más notables.

Es tan voluminosa la producción de poesía feminista reciente que ha sido verdaderamente difícil seleccionar entre tan vasto material, donde todo explora los diversos aspectos de los problemas de la mujer desde una variedad de puntos de vista. El camino que corre desde la protesta anónima por haber sido excluida del campo de batalla, contenida en la vieja copla "La niña guerrera", queda bien ilustrado en la poesía de Gioconda Belli (1948-   ), combatiente de la revolución sandinista de Nicaragua, aunque en la poesía feminista actual el impulso principal sea antimilitarista. La chilena Raquel Jodorowsky (1937-   ), por ejemplo, escribe sobre la guerra nuclear y sobre la contaminación del planeta como algo que amenaza particularmente a mujeres y niños y se asombra de que haya "tanta cólera en la mente de los hombres": es su espíritu destructor el que la hace impotente y le impide hallar alguna forma de relación. La argentina Elena Jordana (1940-   ) se siente repelida por el comercialismo actual y, al igual que la panameña Bessy Reina (1942-   ), por la secular infidelidad de los hombres. Muchas poetas modernas piensan que los problemas de la mujer deben verse en un contexto sociopolítico más amplio, como la mexicana Kyra Galván (1956-   ) sugiere en "Contradicciones ideológicas al lavar un plato", y que, en la búsqueda de "otro modo de ser", la mujer requerirá de una civilización transformada.

Lo cierto es que, a lo largo de los siglos, los

problemas de la mujer han cambiado radicalmente. En muchas partes del mundo, el matrimonio forzoso y durante la minoría de edad, el confinamiento en los conventos, la negativa de educación y voto han desaparecido ya de la agenda feminista. Tal vez en un futuro próximo suceda lo mismo con los problemas de hoy, que se volverán obsoletos después de luchas similares. Las poetas feministas, críticas sensibles de la sociedad, habrán contribuido con mucho a que caigan en el desuso.

ÁNGEL FLORES
KATE FLORES

ANÓNIMO: CANCIONES Y ROMANCES

[siglos XIII-XVI]

Antes de la invención de la imprenta (mediados del siglo XV) la expresión poética era predominantemente oral, transmitida por juglares y trovadores de pueblo en pueblo, de castillo en castillo. Sus recitales versaban sobre las hazañas guerreras de los héroes del pasado, pero se adulteraba lo histórico muy a menudo, extendiéndose hasta incluir lo novelesco y fantástico. La popularidad de estas canciones y romances fue extraordinaria durante los siglos XIV-XVI, difundiéndose por todo el mundo hispánico y, gracias a los judíos sefardíes, por el norte de África y el Cercano Oriente, perdurando, con múltiples variantes, hasta nuestros días.

De la variadísima temática de estas canciones y romances que reflejan tantas fases de la problemática que agobió a las mujeres en aquel mundo de varones, destacamos aquí: el rechazo, ya sea del matrimonio o del convento; la angustia de "la mal casada"; el injusto castigo de "la incestuosa"; la graciosa historieta de "la niña guerrera", y la conmovedora peripecia de la niña que degüellan porque rehúsa cortejarse con su padre.

Las canciones comenzaron a ser recopiladas desde el siglo XVI y entre las colecciones más notables apuntamos: Cancionero general, *recopilado por Hernando del Castillo (1511);* Cancionero de Lope de Stúñiga *(1511);* Cancionero de Constantino, *recopilado por Juan Fernández de Constantino (1511 ?);* Cancionero

31

popular de Pedro Manuel Ximénez de Urrea *(1513)*, *etc. En cuanto a los romances destacan las compilaciones:* Cancionero de Amberes, *de Martín Nuncio (1550)*; Silva de romances, *de Esteban de Nágera (1550)*; Romancero general *(1600, 1604, 1605)*; Flor nueva de romances viejos, *ed. R. Menéndez Pidal (1933).*

DELGADINA

—El buen rey tenía tres hijas
muy hermosas y galanas;
la más chiquita dellas
Delgadina se llamaba.
   —Delgadina de cintura,
tú has de ser mi enamorada.
   —No lo quiera Dios del cielo
ni la Virgen soberana
que yo enamorada fuera
del padre que me engendrara.
   El padre, que tal oyó,
la encerrara en una sala.
Non la daban de comer
más que de carne salada;
non la daban de beber,
sino zumo de naranja.
   A la mañana otro día
se asomara a la ventana
y viera a su madre en bajo
en silla de oro sentada:
   —¡Mi madre, por ser mi madre

púrrame una jarra d'agua,
porque me muero de sede
y a Dios quiero dar el alma!

—Calla tú, perra maldita;
calla tú, perra malvada;
siete años que estoy contigo
siete años soy mal casada.

A la mañana otro día
se asomara a otra ventana;
vio a sus hermanas en bajo,
filando seda labrada.

—¡Hermanas, las mis hermanas,
purrirme una jarra d'agua,
que ya me muero de sede
y a Dios quiero dar el alma!

—Primero te meteríamos
esta encina por la cara.

Se asomara al otro día
a otra ventana más alta;
vio a sus hermanos que en bajo
taban tirando la barra:

—¡Hermanos, por ser hermanos,
purrirme una jarra d'agua,
que ya me muero de sede
y a Dios quiero dar mi alma!

—Non te la doy, Delgadina;
non te la damos, Delgada,
que si tu padre lo sabe
nuestra vida es ya juzgada.

Se asomara al otro día

a otra ventana más alta,
y vió a su padre que en bajo
paseaba en una sala:

—¡Mi padre, por ser mi padre,
púrrame una jarra d'agua,
porque me muero de sede
y a Dios quiero dar el alma!

—Darétela, Delgadina,
si me cumples la palabra.

—La palabra cumpliréla,
aunque sea de mala gana.

—Acorred, mis pajecicos,
a Delgadina con agua;
el primero que llegase
con Delgadina se casa;
el que llegare postrero
su vida será juzgada.

Unos van con jarros de oro,
otros con jarros de plata...
Las campanas de la iglesia
por Delgadina tocaban.
El primero que llegó,
Delgadina era finada.
La cama de Delgadina
de ángeles está cercada;
bajan a la de su padre,
de demonios coronada.

Madrugaba don Alonso
a poco del sol salido;
convidando va a su boda
a los parientes y amigos;
a las puertas de Moriana
sofrenaba su rocino:

—Buenos días, Moriana.
—Don Alonso, bien venido.
—Vengo a brindarte, Moriana,
para mi boda el domingo.

—Esas bodas, don Alonso,
debieran de ser conmigo;
pero ya que no lo sean,
igual el convite estimo,
y en prueba de la amistad
beberás del fresco vino,
el que solías beber
dentro de mi cuarto florido.

Moriana muy ligera
en su cuarto se ha metido;
tres onzas de solimán
con el acero ha molido,
de la víbora los ojos,
sangre de un alacrán vivo:

—Bebe, bebe, don Alonso,
bebe de este fresco vino.

—Bebe primero, Moriana,
que así está puesto en estilo.

35

Levantó el vaso Moriana,
lo puso en sus labios finos;
los dientes tiene menudos,
gota dentro no ha vertido.
Don Alonso como es mozo
maldita gota ha perdido.

—¿Qué me diste, Moriana,
qué me diste en este vino?
¡Las riendas tengo en la mano
y no veo a mi rocino!

—Vuelve a casa, don Alonso,
que el día va ya corrido
y se celará tu esposa
si quedas acá conmigo.

—¿Qué me diste, Moriana,
que pierdo todo el sentido?
¡sáname de este veneno,
yo me he de casar contigo!

—No puede ser, don Alonso,
que el corazón te ha partido.

—¡Desdichada de mi madre
que ya no me verá vivo!

—Más desdichada la mía
desque te hube conocido.

SILVANA SE VA A PASEAR...

Silvana se va a pasear
por su corredor arriba,

36

si bien canta, mejor baila,
mejor romances decía;
y su padre la miraba
por un mirador que había.

—¡Qué bien te está, hija Silva,
la ropa de cada día!
Mejor tu madre la reina,
vestida de peregrina.

Porque Silvana no quiere,
sin agua la encierran viva.
Al otro día siguiente
se asoma por la ventana,
y ve a sus dos hermanitos
jugando juego de espadas.

—Por Dios le pido a mi hermano
que me traiga un vaso de agua,
que antes de morir de sed,
a Dios quiero dar mi alma.

AGORA QUE SOY NIÑA...

Agora que soy niña
    quiero alegría,
que no se sirve Dios
    de mi monjía.

Agora que soy niña,
    niña en cabello,

¿me queréis meter monja
   en el monesterio?
¡Que no se sirve Dios
   de mi monjía!

Agora que soy niña
   quiero alegría,
que no se sirve Dios
   de mi monjía.

CUANDO CHIQUITICA...

Cuando chiquitica
yo entré en un convento,
de tanta alegría
yo me quedé dentro.
Pero la alegría,
pronto se acabó:
casadita, sí; pero monja, no.*

LA INOCENTE ACUSADA

En la mañana de un lunes
madrugaba la aldeana
a lavar ricos pañales

---

* [Una de las canciones medievales que aún cantan en las
Islas Canarias, rescatada por el gran escritor peruano Manuel
González Prada.]

al pie de una fuente clara.
Acabando de lavarlos,
también lavó la su cara.
Viéndola estaba el buen rey
asomado a una ventana.

—Aldeana, aldeanita,
tú has de ser mi enamorada.

—No lo quiera Dios del cielo,
ni su madre soberana;
que estimo yo a mi marido
en la vida y en el alma.

La reina, que tal oyó,
por una falsa criada,
mandara llamar al conde
para comer en su casa;
y acabando de comer,
desta manera le habla:

—La aldeana mata, conde,
conde, mata a la aldeana.

—¡No la mataré yo tal
sin saber muy bien la causa!

—Toda mi vida por ella
vivo yo muy mal casada.

Entre estas palabras y otras,
el conde fuese a su casa.

—Ven acá, perra traidora,
hoy pagarás tu disfamia.
Y antes del amanecer
has de morir degollada;
que el rey así lo mandó,

y hay que cumplir lo que manda.

—Si causa tuviere el rey,
lo que mandó que se faga.

De tres hijas que tenía,
llamara la más galana.

—¿Qué me quiere, madre mía;
qué me quiere, o qué me manda".

—Quiérote, hija de mis penas,
que me fagas la mortaja;
que antes del amanecer
he de morir degollada.
Quitárasme la cabeza
presto tú irás a apañarla,
y entre dos fuentes de oro
al rey habrás de entregarla.

Estando el buen rey comiendo,
la niña al palacio entraba.

—Buenos días, el buen rey.

—Bien venida, hija galana.

—Vengo a traer esta trucha
que mi madre le enviaba.

—¡La reina hallarala dulce,
para mí es triste y amarga!
La aldeana murió de noche,
la reina por la mañana.

DE SER MAL CASADA. . .

De ser mal casada

40

no lo niego yo:
cativo se vea
quien me cativó.

Cativo se vea
y sin redençión;
dolor y pasión
con él siempre sea;

su mal no se vea
pues el mío no vio;
cativo se vea
quien me cativó.

Yo, triste cuitada,
la muerte deseo
y nunca la veo,
que soy desdichada.

Tan triste casada
ya nunca se vio.
Cativo se vea
quien me cativó.

Mugeres casadas
que tal padecéis:
si vida tenéis
sois muy desdichadas:

seréis lastimadas

41

si sois como yo.
Cativo se vea
quien me cativó.

DESDE NIÑA ME CASARON...

Desde niña me casaron
por amores que no amé:
mal casadita me llamaré.

SOY CASADA Y VIVO EN PENA...

Soy casada y vivo en pena:
¡ojalá fuera soltera!

SOY GARRIDICA...

Soy garridica
y vivo penada
por ser mal casada.

¡MAL HAYA QUIEN OS CASÓ...

¡Mal haya quien os casó,
la de Pedro borreguero!
¡Mal haya quien os le dio
ese marido grosero!

GARRIDICA SOY EN EL YERMO...

Garridica soy en el yermo,
   ¿y para qué?,
pues que tan mal me empleé.*

QUE MIRABA LA MAR...

Que miraba la mar
   la mal casada,
que miraba la mar
   cómo es ancha y larga.

LA NIÑA GUERRERA

Estaba un buen día un viejo
sentado en un campo al sol.
   —Pregonadas son las guerras
de Francia con Aragón...
¿Cómo las haré yo, triste
viejo, cano y pecador?
   De allí fue para su casa
echando una maldición.
   —¡Reventarás tú, María,
por medio del corazón;
que pariste siete hijas
y entre ellas ningún varón!

* [tan mal me empleé = tan mal me casé]

La más chiquita de ellas
salió con buena razón:

—No la maldigáis, mi padre,
no la maldigáis, non;
que yo iré a servir al rey
en hábitos de varón.
Compraraisme vos, mi padre,
calcetas y buen jubón;
dareisme las vuestras armas,
vuestro caballo trotón.

—Conocerante en los ojos,
hija, que muy bellos son.

—Yo los bajaré a la tierra
cuando pase algún varón.

—Conocerante en los pechos,
que asoman por el jubón.

—Esconderelos, mi padre;
al par de mi corazón.

—Conocerante en los pies,
que muy menuditos son.

—Pondreme las vuestras botas
bien rellenas de algodón...
¿Cómo me he de llamar, padre,
cómo me he de llamar yo?

—Don Martinos, hija mía,
que así me llamaba yo.

Yera en palacio del rey,
y nadie la conoció,
si no es el hijo del rey,
que della se enamoró.

—Tal caballero, mi madre,
doncella me pareció.

—¿En qué lo conocéis, hijo;
en qué lo conocéis vos?

—En poner el su sombrero
y en abrochar el jubón,
y en poner de las calcetas,
¡mi Dios, como ella las pon!

—Brindareisla vos, mi hijo,
para en las tierras mercar;
si el caballero era hembra,
corales querrá llevar.

El caballero es discreto
y un puñal tomó en la man.

—Los ojos de don Martinos
roban el alma al mirar.

—Brindareisla vos, mi hijo,
al par de vos acostar;
si el caballero era hembra,
tal convite non quedrá.

El caballero es discreto
y echóse sin desnudar.

—Los ojos de don Martinos
roban el alma al mirar.

—Brindareisla vos, mi hijo,
a dir con vos a la mar.
Si el caballero era hembra,
él se habrá de acobardar.

El caballero es discreto,
luego empezara a llorar.

—¿Tú qué tienes, don Martinos,
que te pones a llorar?

—Que se me ha muerto mi padre,
y mi madre en eso va;
si me dieran la licencia
fuérala yo a visitar.

—Esa licencia, Martinos,
de tuyo la tienes ya.
Ensilla un caballo blanco,
y en él luego ve a montar.

Por unas vegas arriba
corre como un gavilán,
por otras vegas abajo
corre sin le divisar.

—Adiós, adiós, el buen rey,
y su palacio real;
que siete años le serví
doncella de Portugal,
y otros siete le sirviera
si non fuese el desnudar.

Oyolo el hijo del rey,
de altas torres donde está;
reventó siete caballos
para poderla alcanzar.
Allegando ella su casa,
todos la van a abrazar.
Pidió la rueca a su madre
a ver si sabía filar.

—Deja la rueca, Martinos,
non te pongas a filar;

que si de la guerra vienes,
a la guerra has de tornar.
Ya están aquí tus amores,
los que te quieren llevar.

UNA MADRE QUE A MÍ CRIÓ...

Una madre que a mí crió
mucho me quiso y mal me guardó;
a los pies de mi cama los canes ató;
atolos ella, desatelos yo,
metiera, madre, al mi lindo amor.
    No seré yo fraila.

Una madre que a mí criara
mucho me quiso y mal me guardara;
a los pies de mi cama los canes atara;
atolos ella, yo los desatara,
y metiera, madre, al que más amaba.
    No seré yo fraila.

YO GRUÑIR, ÉL REGAÑAR

Cuando me casó mi madre
me casó con un pastor
chiquito y jorobado,
hecho de mala fación.
No me dejaba ir a misa,

tampoco a la procesión,
quiere que me esté en su casa
remendándole el zurrón.
Yo gruñir, él regañar,
no se lo tengo de remendar.

Me quitó mis lindas joyas,
me puso su zamarrón,
me mandó con las ovejas
como si fuera un pastor.
Por la noche, cuando vine,
las ovejas me contó;
tres ovejas me faltaban,
tres zurritas me pegó.
Yo gruñir, él regañar,
no se las tengo de ir a buscar.

Me mandó hacer unas sopas,
lo necesario faltó;
el agua estaba en Jarama,
y el puchero en Alcorcón,
el aceite en el Alcarria,
y los ojos en Chinchón,
el pan en tierra de Campos,
y la sal allá en Imón.
Yo gruñir, él regañar,
no se las tengo de recalar.

DICEN QUE ME CASE YO...

Dicen que me case yo;

48

no quiero marido, no.
Más quiero vivir segura
nesta tierra a mi soltura,
que no estar en ventura
si casaré bien o no.

Madre, no seré casada,
por no ver vida cansada,
o quizá mal empleada
la gracia que Dios me dio...

¿PARA QUÉ QUIERO CASARME?...

¿Para qué quiero casarme
si el marido ha de mandarme?

MAL HAYA EL PRIMERO...

Mal haya el primero,
mal haya el segundo,
mal haya el tercero
que empezó en el mundo
a ser casamentero.

Que le maldigamos
es cosa muy justa
al traidor que gusta
de engañar a entramos;

a Dios le pidamos
que muera el primero
que empezó en el mundo
a ser casamentero.

Casado se vea
quien casar le place
(porque el mal que hace
por el suyo crea),
mujer vieja y fea,
loca y sin dinero,
que empezó en el mundo
a ser casamentero.

Infierno en la tierra
nos dejó el traidor;
vida con dolor
y perpetua guerra;
dos vivos entierra
aquel tapacero
que empezó en el mundo
a ser casamentero.

NO QUERADES, FIJA...

No querades, fija,
marido tomar,
para sospirar.

Fuese mi marido
a la frontera;
sola me deja
en tierra ajena.

No querades, fija,
marido tomar,
para sospirar.

MADRE MÍA, MURIERA YO...

Madre mía, muriera yo,
y no me casara, no.

SER QUIERO, MADRE...

Ser quiero, madre,
señora de mí,
no quiero ver
mal gozo de mí.

Dise mi madre
que me meta monja,
que me dará frayle
cual yo lo excoxa;

mas bien entiendo
la su lisonja;

no verá çierto
tal gozo de mí.

Magnífica protesta en catalán de una malmonjada. La mención de Montagut sugiere que la monja residía en el convento de Alguaire a principios del siglo XIV.

LLASA, MAIS M'HAGRA VALGUT...

Llassa, mais m'hagra valgut
    que fos maridada,
o cortès amic hagut
    que can sui monjada.

Monjada fui a mon dan:
    pecat gran
han fait, segons mon albir;
mas cels qui mesa m'hi han,
    en mal an
los meta Déus e els air.
Car si io ho hagués saubut,
—mas fui un poc fada—,
qui em donàs tot Montagut
no hic fóra entrada.

[Desdichada de mí, más me hubiera valido ser casada o tener cortés amigo que haber sido monja.

Para daño mío me metieron a monja. Gran pecado cometieron, a mi ver; pero los que aquí me metieron, mal año les dé Dios y los aborrezco.

Pues, si yo lo hubiese sabido —pero fui un poco necia—, aunque alguien me hubiese dado todo Montagut, no hubiera entrado aquí.]

FLORENCIA PINAR

[España, c. 1460]

De las primeras en salir del anonimato fue Florencia Pinar, dama de honor en la Corte de Isabel I. Participó Florencia en los certámenes y juegos florales de su época y se distinguió por su poesía erótica que versaba en general en amoríos imaginarios, llenos de amargas vicisitudes y frustraciones. Su "Juego trabado", que logró tanta popularidad en la Corte, poetizaba las barajas de un juego de naipes. Débese agregar que Florencia Pinar estaba muy familiarizada con la literatura italiana. Le entusiasmaba Dante y Petrarca, poetas que habían influido en la obra del marqués de Santillana (1398-1458) y Jorge Manrique (1440-1479), sus ilustres predecesores.

Lo que conocemos de la obra de Florencia Pinar apareció en el Cancionero de 1511, reeditado en nuestro tiempo por Raimundo Foulché-Delbosc.

A UNAS PERDICES QUE LE ENVIARON VIVAS

Destas aves su nación
es cantar con alegría,
y de vellas en prissión
siento yo grave passión,
sin sentir nadie la mía.

53

Ellas lloran que se vieron
sin temor de ser cativas,
y a quien eran más esquivas
essos mismos las prendieron:
sus nombres mi vida son
que va perdiendo alegría,
y de vellas en prissión
siento yo grave passión,
sin sentir nadie la mía.

ELL AMOR HA TALES MAÑAS. . .

Ell amor ha tales mañas,
que quien no se guarda dellas,
si se le entra en las entrañas,
no puede salir sin ellas.

Ell amor es un gusano,
bien mirada su figura;
es un cáncer de natura
que come todo lo sano:
por sus burlas, por sus sañas,
dél se dan tales querellas,
que si entra en las entrañas,
no puede salir sin ellas.

MARCIA BELISARDA (SOR MARÍA DE SANTA ISABEL)

[Toledo, España, ?-1647]

Marcia Belisarda, como sor María de Santa Isabel decidió firmar sus poesías, fue una de las escritoras más fecundas del Siglo de Oro. Debido, sin duda, a desengaños amorosos, tomó el hábito en el convento de la Concepción, de Toledo, su ciudad natal. En su celda compuso tanto poemas religiosos (bastantes sosos) como poemas profanos, ardientes e inspirados. Su "Romanze melancólico" parece revelar mal reprimidas añoranzas. Nótese, además, que las "Décimas escritas muy de priessa..." con las que Marcia responde a un macho que acusa a las mujeres de veleidad e inconstancia, anticipan las inolvidables líneas de sor Juana Inés de la Cruz: "Hombres necios que acusáis / a la mujer sin razón..."

Aunque Marcia Belisarda tenía ya reunidos sus poemas, listos para la imprenta, nunca llegaron a publicarse. Al presente se encuentran archivados en la Biblioteca Nacional de Madrid: 78 páginas en 4º, bastante deterioradas por la humedad.

ROMANZE MELANCÓLICO

Pensamiento, si pensáis
en dar a mí mal remedio,

mal pensáis, porque es un mal
causado de pensamiento.
Pienso con ajenos gustos
engañar proprios desseos,
y es engaño donde el alma,
penando más, se halla menos.
Si en dormir busco descanso
por ser del morir disseño,
más me canso, porque lidio
con enemigos desvelos.
Siempre yntento hallar alivio
y siempre queda el yntento
con el logro en esperanza
y con la esperanza a riesgo.
O apenas alivio hallo
quando apenas ya le pierdo,
el yntento examinando
convertido en escarmiento.
En mi dolor no hay templanza,
y si a la memoria apelo,
para el que tengo presente
me da pasados remedios.
En fin, peno, siento y callo
por no decir lo que siento,
que sólo puedo quexarme
de que quexarme no puedo.
Naçer amable es estrella,
suerte naçer con ynjenio;
pero si falta ventura
nada es gloria y todo ynfierno...

DÉCIMAS ESCRITAS MUY DE PRIESSA, EN RESPUESTA DE OTRAS EN QUE PONDERABAN LA MUDANZA DE LAS MUJERES

Hombres, no desonoréis
con título de inconstantes
las mujeres, que diamantes
son, si obligarlas sabéis.
Si alguna mudable veis,
la mudanza es argumento
de que antes quiso de asiento;
mas en vuestra voluntad,
antes ni después, verdad
no se halló con fundamento.

Si mujer dice mudanza
el hombre mentira dice,
y si en algo contradice
es que el juicio no lo alcanza;
si se ajusta a igual balanza
por la cuenta se hallaría
en él mentir cada día
y en mudarse cada mes,
que el mentir vileza es;
mudar de hombres, mejoría.

JUANA DE ASBAJE (SOR JUANA INÉS DE LA CRUZ)

[San Miguel Nepantla, México, 12 de noviembre, 1651-Ciudad de México, 17 de abril de 1695]

Niña precoz, escribía versos antes de cumplir los ocho años. Más tarde, vestida de varón, asistió a la universidad, donde no se admitían mujeres. Noticias de su talento y erudición llegaron al palacio virreinal, donde fue examinada por unos cuarenta "sabios", saliendo airosamente de la prueba. En 1669 ingresó en un convento donde creía poder proseguir sus estudios con mayor tranquilidad: su celda le sirvió de biblioteca, laboratorio y conservatorio. Criticada por el obispo de Puebla por sus intereses mundanos, sor Juana le respondió con una carta memorable que, además de biografía, es una elocuente defensa de los derechos de la mujer, y tan es así que el Grupo Feminista de Cultura, de Barcelona, la reimprime en 1979 considerándola "El primer manifiesto feminista". Además a sor Juana le debemos algunas de las poesías más bellas en lengua española. Presentamos aquí algunas de ellas que aunque muy conocidas sirven para poner en relieve la complicada psicología de su autora. Incluimos, además, dos villancicos, menos conocidos, que cantaban en la catedral de Oaxaca allá por el año 1691. Versan éstos sobre la vida y martirio de santa Catalina de Alejandría. Catalina era tan bella y tan inteligente como sor Juana, y tan hostigada como ella por los machos de su tiempo. Aunque carecemos de detalles precisos sobre el modus vivendi de aquel remoto Egipto del siglo III, sí se sabe que Catalina se había dedicado desde muy joven a estudios filosóficos y científicos. Apenas cumplidos los 18 años criticó al emperador Majencio por estar persiguiendo a los cristianos. Empeñado en apostatarla, Majencio convocó a un grupo de "sabios" para que la examinaran y la sacaran de sus errores. Pero lo sorprendente fue que con su elocuencia ella llegó a cristianizarlos. Entonces hizo el iracundo Majencio que la sentenciaran a muerte, a una muerte verdaderamente cruel: que la acostaran bajo una rueda espigonada para que los clavos la hicieran trizas. Milagrosamente los clavos se desprendieron de la rueda matando a verdugos y espectadores. Así pues los villancicos de sor Juana celebran el triunfo del intelecto femenino frente a un mundo donde los hombres daban por sentada su superioridad. Como tan certeramente observó Alfonso Reyes, los hombres ensalzaban a sor Juana al mismo tiempo que la detestaban y trataban de reducirla a la estatura de ellos.

Nos revela sor Juana: "Yo confieso que me hallo muy distante de los términos de la sabiduría, y que la he deseado seguir, aunque a la distancia. Pero todo ha sido acercarme más al fuego de la persecución, al crisol del tormento, y ha sido con tal extremo que han llegado a solicitar que se me prohíba el estudio. Una vez lo han conseguido con una prelada muy santa y muy cándida, que creyó que el estudio era cosa de Inquisición."

Finalmente, desalentada y penitente, la renuncia de sor Juana fue total vendió su biblioteca (una de las mejores en México), sus aparatos científicos y sus instrumentos musicales, y firmó dos confesiones de fe con su propia sangre. En marzo de 1695, cuando se declaró una epidemia en su convento, se dedicó a cuidar a sus hermanas hasta que, contagiada ella también —"la peor" de todas, según ella— murió a las

4 de la mañana del 17 de abril de 1695. No había cumplido aún 44 años.

ARGUYE DE INCONSECUENTES EL GUSTO Y LA CENSURA DE LOS HOMBRES QUE EN LAS MUJERES ACUSAN LO QUE CAUSAN

Hombres necios que acusáis
a la mujer sin razón,
sin ver que sois la ocasión
de lo mismo que culpáis:

si con ansia sin igual
solicitáis su desdén,
¿por qué queréis que obren bien
si las incitáis al mal?

Combatís su resistencia
y luego, con gravedad,
decís que fue liviandad
lo que hizo la diligencia.

Parecer quiere el denuedo
de vuestro parecer loco
al niño que pone el coco
y luego le tiene miedo.

Queréis, con presunción necia,
hallar a la que buscáis,
para pretendida, Thais,
y en la posesión, Lucrecia.

¿Qué humor puede ser más raro

que el que, falto de consejo,
él mismo empaña el espejo,
y siente que no esté claro?

Con el favor y el desdén
tenéis condición igual,
quejándoos si os tratan mal,
burlándoos si os quieren bien.

Opinión, ninguna gana;
pues la que más se recata,
si no os admite, es ingrata,
y si os admite, es liviana.

Siempre tan necios andáis
que, con desigual nivel,
a una culpáis por crüel
y a otra por fácil culpáis.

¿Pues cómo ha de estar templada
la que vuestro amor pretende,
si la que es ingrata ofende,
y la que es fácil enfada?

Mas, entre el enfado y pena
que vuestro gusto refiere,
bien haya la que no os quiere,
y quejaos en hora buena.

Dan vuestras amantes penas
a sus libertades alas,
y después de hacerlas malas
las queréis hallar muy buenas.

¿Cuál mayor culpa ha tenido
en una pasión errada:

la que cae de rogada,
o el que ruega de caído?

¿O cuál es más de culpar,
aunque cualquiera mal haga:
la que peca por la paga,
o el que paga por pecar?

Pues ¿para qué os espantáis
de la culpa que tenéis?
Queredlas cual las hacéis
o hacedlas cual las buscáis.

Dejad de solicitar,
y después, con más razón,
acusaréis la afición
de la que os fuere a rogar.

Bien con muchas armas fundo
que lidia vuestra arrogancia,
pues en promesa e instancia
juntáis diablo, carne y mundo.

EN QUE SE DESCRIBE RACIONALMENTE
LOS EFECTOS IRRACIONALES DEL AMOR

Este amoroso tormento
que en mi corazón se ve,
sé que lo siento, y no sé
la causa porque lo siento.

Siento una grave agonía
por lograr un devaneo,

que empieza como deseo
y para en melancolía.

Y cuando con más terneza
mi infeliz estado lloro,
sé que estoy triste e ignoro
la causa de mi tristeza.

Siento un anhelo tirano
por la ocasión a que aspiro,
y cuando cerca la mira
yo misma aparto la mano.

Porque, si acaso se ofrece,
después de tanto desvelo,
la desazona el recelo
o el susto la desvanece.

Y si alguna vez sin susto
consigo tal posesión,
cualquiera leve ocasión
me malogra todo el gusto.

Siento mal del mismo bien
con receloso temor,
y me obliga el mismo amor
tal vez a mostrar desdén.

Con poca causa ofendida,
suelo, en mitad de mi amor,

negar un leve favor
a quien le diera la vida.

Ya sufrida, ya irritada,
con contrarias penas lucho:
que por él sufriré mucho,
y con él sufriré nada.

No sé en qué lógica cabe
el que tal cuestión se pruebe:
que por él lo grave es leve,
y con él lo leve es grave.

Sin bastantes fundamentos
forman mis tristes cuidados,
de conceptos engañados,
un monte de sentimientos;

y en aquel fiero conjunto
hallo, cuando se derriba,
que aquella máquina altiva
sólo estribaba en un punto.

Tal vez el dolor me engaña
y presumo, sin razón,
que no habrá satisfacción
que pueda templar mi saña.

Y aunque el desengaño toco,
con la misma pena lucho,

de ver que padezco mucho
padeciendo por tan poco.

A vengarse se abalanza
tal vez el alma ofendida;
y después, arrepentida,
toma de mí otra venganza.

No huyo el mal ni busco el bien:
porque, en mi confuso error,
ni me asegura el amor
ni me despecha el desdén.

En mi ciego devaneo,
bien hallada con mi engaño,
solicito el desengaño
y no encontrarlo deseo.

Si alguno mis quejas oye,
más a decirlas me obliga
porque me las contradiga,
que no porque las apoye.

Porque si con la pasión
algo contra mi amor digo,
es mi mayor enemigo
quien me concede razón.

Y si acaso en mi provecho
hallo la razón propicia,

me embaraza la justicia
y ando cediendo el derecho.

Nunca hallo gusto cumplido,
porque, entre alivio y dolor,
hallo culpa en el amor
y disculpa en el olvido.

Esto de mi pena dura
es algo del dolor fiero;
y mucho más no refiero
porque pasa de locura.

Si acaso me contradigo
en este confuso error,
aquél que tuviere amor
entenderá lo que digo.

DIUTURNA ENFERMEDAD DE LA ESPERANZA...

Diuturna enfermedad de la Esperanza
que así entretienes mis cansados años
y en el fiel de los bienes y los daños
tienes en equilibrio la balanza;

que siempre suspendida en la tardanza
de inclinarse, no dejan tus engaños
que lleguen a excederse en los tamaños
la desesperación o la confianza:

66

¿quién te ha quitado el nombre de homicida?
Pues lo eres más severa, si se advierte
que suspendes el alma entretenida;

y entre la infausta o la felice suerte,
no lo haces tú por conservar la vida
sino por dar más dilatada muerte.

DETENTE, SOMBRA DE MI BIEN ESQUIVO...

Detente, sombra de mi bien esquivo,
imagen del hechizo que más quiero,
bella ilusión por quien alegre muero,
dulce ficción por quien penosa vivo.

Si al imán de tus gracias atractivo
sirve mi pecho de obediente acero
¿para qué me enamoras lisonjero,
si has de burlarme luego fugitivo?

Mas blasonar no puedes satisfecho
de que triunfa de mí tu tiranía;
que aunque dejas burlado el lazo estrecho

que tu forma fantástica ceñía,
poco importa burlar brazos y pecho
si te labra prisión mi fantasía.

67

Verde embeleso de la vida humana,
loca Esperanza, frenesí dorado,
sueño de los despiertos intrincado,
como de sueños, de tesoros vana;

alma del mundo, senectud lozana,
decrépito verdor imaginado;
el hoy de los dichosos esperado
y de los desdichados el mañana:

sigan tu sombra en busca de tu día
los que, con verdes vidrios por anteojos,
todo lo ven pintado a su deseo;

que yo, más cuerda en la fortuna mía,
tengo en entrambas manos ambos ojos
y solamente lo que toco veo.

EN PERSEGUIRME, MUNDO, ¿QUÉ INTERESAS?...

En perseguirme, Mundo, ¿qué interesas?
¿En qué te ofendo, cuando sólo intento
poner bellezas en mi entendimiento
y no mi entendimiento en las bellezas?

Yo no estimo tesoros ni riquezas;
y así, siempre me causa más contento

poner riquezas en mi pensamiento
que no mi pensamiento en las riquezas.

Y no estimo hermosura que, vencida,
es despojo civil de las edades,
ni riqueza me agrada fementida,

teniendo por mejor, en mis verdades,
consumir vanidades de la vida
que consumir la vida en vanidades.

AL QUE INGRATO ME DEJA, BUSCO AMANTE...

Al que ingrato me deja, busco amante;
al que amante me sigue, dejo ingrata;
constante adoro a quien mi amor maltrata,
maltrato a quien mi amor busca constante.

Al que trato de amor hallo diamante,
y soy diamante al que de amor me trata,
triunfante quiero ver al que me mata
y mato al que me quiere ver triunfante.

Si a éste pago, padece mi deseo;
si ruego a aquél, mi pundonor enojo,
de entrambos modos infeliz me veo.

Pero yo por mejor partido escojo,
de quien no quiero, ser violento empleo,
que de quien no me quiere, vil despojo.

Este que ves, engaño colorido,
que, del arte ostentando los primores,
con falsos silogismos de colores
es cauteloso engaño del sentido;

éste, en quien la lisonja ha pretendido
excusar de los años los horrores,
y venciendo del tiempo los rigores
triunfar de la vejez y del olvido,

es un vano artificio del cuidado,
es una flor al viento delicada,
es un resguardo inútil para el hado:

es una necia diligencia errada,
es un afán caduco y, bien mirado,
es cadáver, es polvo, es sombra, es nada.

ÉRASE UNA NIÑA...

Érase una Niña
como digo a usté,
cuyos años eran,
ocho sobre diez.
Esperen, aguarden,
que yo lo diré.
  Ésta (qué sé yo,

cómo pudo ser),
dizque supo mucho,
aunque era mujer.
Esperen, aguarden,
que yo lo diré.

Porque, como dizque
dice no sé quién,
ellas sólo saben
hilar y coser...
Esperen, aguarden,
que yo lo diré.

Pues ésta, a hombres grandes
pudo convencer;
que a un chico, cualquiera
lo sabe envolver.
Esperen, aguarden,
que yo lo diré.

Y aun una santita
dizque era también,
sin que le estorbase
para ello el saber.
Esperen, aguarden,
que yo lo diré.

Pues como Patillas
no duerme, al saber
que era santa y docta,
se hizo un Lucifer.
Esperen, aguarden,
que yo lo diré.

Porque tiene el Diablo

esto de saber,
que hay mujer que sepa
más que supo él.
Esperen, aguarden,
que yo lo diré.

Pues con esto, ¿qué hace?
Viene, y tienta a un rey,
que a ella la tentara
a dejar su ley.
Esperen, aguarden,
que yo lo diré.

Tentola de recio;
mas ella, pardiez,
se dejó morir
antes que vencer.
Esperen, aguarden,
que yo lo diré.

No pescuden más,
porque más no sé,
de que es Catarina,
para siempre. Amén.

¡VÍCTOR, VÍCTOR CATARINA...

Estribillo

¡Víctor, víctor Catarina,
que con su ciencia divina
los sabios ha convencido,

y victoriosa ha salido
—con su ciencia soberana—
de la arrogancia profana
que a convencerla ha venido!
¡Víctor, víctor, víctor!

Coplas

De una mujer se convencen
todos los sabios de Egipto,
para prueba de que el sexo
no es esencia en lo entendido.
¡Víctor, víctor!

   Prodigio fue, y aun milagro;
pero no estuvo el prodigio
en vencerlos, sino en que
ellos se den por vencidos.
¡Víctor, víctor!

   ¡Qué bien se ve que eran sabios
en confesarse rendidos,
que es triunfo el obedecer
de la razón el dominio!
¡Víctor, víctor!

   Las luces de la verdad
no se obscurecen con gritos;
que su eco sabe valiente
sobresalir del rüido.
¡Víctor, víctor!

   No se avergüenzan los sabios
de mirarse convencidos;

porque saben, como sabios,
que su saber es finito.
¡Víctor, víctor!

Estudia, arguye y enseña,
y es de la Iglesia servicio,
que no la quiere ignorante
El que racional la hizo.
¡Víctor, víctor!

¡Oh qué soberbios vendrían,
al juntarlos Maximino!
Mas salieron admirados
los que entraron presumidos.
¡Víctor, víctor!

Vencidos, con ella todos
la vida dan al cuchillo:
¡oh cuánto bien se perdiera
si docta no hubiera sido!
¡Víctor, víctor!

Nunca de varón ilustre
triunfo igual habemos visto;
y es que quiso Dios en ella
honrar el sexo femíneo.
¡Víctor, víctor!

Ocho y diez vueltas del Sol,
era el espacio florido
de su edad; mas de su ciencia
¿quién podrá contar los siglos?
¡Víctor, víctor!

Perdiose (¡oh dolor!) la forma
de sus doctos silogismos:

pero, los que no con tinta,
dejó con su sangre escritos.
¡Víctor, víctor!

   Tutelar sacra patrona,
es de las letras asilo;
porque siempre ilustre sabios,
quien santos de sabios hizo.
¡Víctor, víctor!

UNA MONJA DE ALCALÁ

[España, fines del siglo XVII]

*De los conventos emanan, aún durante el apogeo de la
mística, añoranzas y quejas, como las expresadas por
sor María de Santa Isabel desde el convento de la
Concepción. Mucho más atrevida fue la boquifresca
"Monja de Alcalá" quien a fines del siglo XVII com-
pone sus "Décimas". Citamos algunas líneas del ma-
nuscrito original: 2 hojas en 4º, archivadas en la Biblioteca Nacional.*

MIS PADRES, COMO ENEMIGOS...

Mis padres, como enemigos
de la vida que me han dado,
en vida me han sepultado
entre hierros y postigos.

Sólo en tanto sentir siento
que más vale, aunque fingido,
un agrado de un marido
que una grada de convento.

76

MARGARITA HICKEY

[Barcelona, España, 1753-Madrid, c. 1793]

Hija del irlandés Domingo Hickey, teniente coronel de Dragones, y de Ana Pellizzoni, cantante nacida en Milán, llega Margarita a Madrid a los pocos años de su nacimiento. Siendo casi niña la casaron con un hidalgo rico, el setentón Juan Antonio Aguirre, quien falleció en 1779. Hermosa y adinerada, la joven viuda fue galanteada sin cesar y ella correspondió apasionadamente, cosechando no pocos desengaños: frustraciones y amargas experiencias que luego le sirvieron de temática a poemas que firmaba "Antonia Hernando de la Oliva" y luego con sus iniciales, "M. H."

Margarita no contrajo segundo matrimonio, consagrando buena parte de su vida al estudio, la geografía en especial. Su Descripción geográfica e histórica de todo el orbe conocido hasta ahora, *escrita en verso octosílabo, fue rechazada por la Real Academia de la Historia y nunca llegó a publicarse. Un crítico de aquella época observa en* Memorial Literario, *la revista madrileña, que los señores de la Academia "están convencidos de que los talentos de las mujeres son inferiores a los de los hombres", agregando que por eso "las mujeres se ven obligadas a estudiar para obtener empleos, dignidades y otros cargos, de que siempre han solido ser excluidas".*

A Margarita se la recuerda hoy, principalmente, por sus bellas traducciones de los dramas de Racine (Andromache) *y de Voltaire* (Zaire), *y por su poema-*

77

rio, Poesías varias sagradas, morales y profanas o amorosas *(1789), donde se ve, a todas luces, su feminismo apasionado.*

SONETO DEFINIENDO EL AMOR O SUS CONTRARIEDADES

Borrasca disfrazada en la bonanza,
engañoso deleite de un sentido,
dulzura amarga, daño apetecido,
alterada quietud, vana esperanza.

Desapacible paz, desconfianza,
desazonado gozo mal sufrido,
esclava libertad, triunfo abatido,
simulada traición, fácil mudanza.

Perenne manantial de sentimientos,
efímera aprehensión que experimenta
dolorosas delicias y escarmientos.

Azarosa fortuna, cruel, violenta,
zozobra, sinsabor, desabrimientos,
risa en la playa y en el mar tormenta.

APRENDED, CLICIES, DE MÍ...*

Aprended, Clicies, de mí
lo que va de ayer a hoy;

* Romance imitando al de: "Aprended, flores, de mí / Lo que va de ayer a hoy..."

78

de amor extremo ayer fui,
leve afecto hoy aún no soy.
Ayer, de amor poseída
y de su aliento inflamada,
en los ardores vivía,
del fuego me alimentaba.
Y a pesar de la violencia
con que sus voraces llamas
cuanto se opone a su furia
arden, consumen y abrasan,
como pábulo encendido,
cual cantada salamandra,
solamente hallaba vida
entre sus ardientes ascuas.
Y hoy en tan tibios ardores
yace o desfallece el alma,
que el frío carbón apenas
da señas de que fue brasa.
Ayer, los fieros volcanes
de amor, no sólo halagaban
el pecho, sino que amante
fuera de ellos no se hallaba,
y sin ellos, decadente
y exánime desmayaba
y moría y perecía
como el pez fuera del agua.
Y hoy, no sólo temeroso
y pavoroso se espanta
de la más leve centella
que en el aire corre vaga,

sino que el horror y miedo
que a la luz la fiera brava
tiene, imitando, a cualquiera
resplandor vuelve la cara.
Ayer por poco el incendio,
en que amante me abrasaba,
vuelve en pavesas el mundo
todo, y en humo le exhala,
y en una hoguera la hermosa
máquina del transformada,
por poco vuela en cenizas
de mi ardor comunicadas.
Y hoy, apenas de que ha habido
lumbre dan señas escasas
tibios rescoldos; ¡tan muertas
yacen ya y tan apagadas!
Ayer, de verme amar, tierna,
hasta lo insensible amaba,
y de mi ejemplo movidas
las piedras inanimadas,
contra su naturaleza
y dureza decantada,
del amor y sus halagos
sentían las dulces ansias.
Y hoy, de mis tristes lamentos
y de mis quejas amargas
la región toda amatoria
conmovida y espantada,
los símbolos de amor mismo,
las enamoradas plantas,

80

la arrulladora paloma,
la tórtola amartelada,
temiendo encontrar desdichas
donde gozos esperaban,
los patrios amantes nidos
abandonan asustadas.
Tanto puede, tanto influye,
tanto mueve, tanto daña,
tantos y tales estragos
y metamorfosis causa
un doble alevoso trato,
un engaño, una fe falsa,
una indebida tibieza
y correspondencia ingrata,
un desengaño, una injusta
veleidad, una villana
aspereza, una grosera
ficción, una vil mudanza.
Y pues veis y habeis notado
regularmente en qué paran
de los más finos anhelos
y más amantes constancias,
por falta de verdaderos
amadores y de gratas
ardientes correspondencias,
las más amorosas ansias,
haciéndoos como discretas
el escarmiento avisadas,
infiriendo de lo de hoy
lo que podrá ser mañana,

aprended, Clicies, de mí
lo que va de ayer a hoy;
de amor extremo ayer fui,
leve afecto hoy aún no soy.

SON MONSTRUOS INCONSECUENTES...

Son monstruos inconsecuentes,
altaneros y abatidos;
humildes, si aborrecidos;
si amados, irreverentes;
con el favor, insolentes;
desean, pero no aman;
en las tibiezas se inflaman,
sirven para dominar;
se rinden para triunfar;
y a la que los honra infaman.

QUE EL VERDADERO SABIO...

Que el verdadero sabio, donde quiera
que la verdad y la razón encuentre,
allí sabe tomarla, y la aprovecha
sin nimio detenerse en quién la ofrece.
Porque ignorar no puede, si es que sabe,
que el alma, como espíritu, carece
de sexo.
Pues cada día, instantes y momentos,

82

vemos aventajarse las mujeres
en las artes y ciencias a los hombres,
si con aplicación su estudio emprenden.

DE BIENES DESTITUIDAS. . .

De bienes destituidas,
víctimas del pundonor,
censuradas con amor,
y sin él desatendidas;
sin cariño pretendidas,
por apetito buscadas,
conseguidas, ultrajadas;
sin aplausos la virtud,
sin lauros la juventud,
y en la vejez despreciadas.

JOSEFA MASSANÉS

[España, 1811-1887]

Hija del prestigioso erudito Jorge Massanés, Maria Josepa Massanés i Dalmau, nacida en Tarragona en 1811, participó en el renacimiento literario catalán de 1857, logrando primer premio en los Juegos Florales de 1863 con su poemario Creure és viure. Para aquel entonces su estro poético se le había reconocido también en el mundo de habla castellana —hasta en los Estados Unidos, cuando el Consejo de Instrucción Pública de Nueva York ya había adoptado para lectura en las escuelas públicas "Mother's kiss", versión inglesa de su poema "El beso maternal".

Católica ferviente, como tan dignamente lo evidencia su poema "Ana, madre de Samuel" (1848) y su obra teatral Descenso de la Santísima Vírgen a Barcelona (1862), a Josefa Massanés le interesaba, con igual apasionamiento, la instrucción de las masas populares, que le inspiró Importancia moral del Magisterio (1858), escrito en verso. Entre sus poemarios más destacados se cuentan Poesías (1841), Flores marchitas (1850) y, en catalán, Respirall (1879).

En una época en que existían tantas escritoras de talento, algunos periodistas muy machos se burlaban de ellas, acusándolas de femmes savantes. "Para preguntarme si me había afeitado, una de esas précieux ridicules exclama: '¿Ha segado usted la mies de la epidermis?'" Y otro periodista afirma que una de sus amigas literatas denomina "volcán doméstico" a la

*cocina y "la cárcel del agua" a un vaso, y que para
mandar al cochero que la conduzca a la Puerta del
Sol (en el centro de Madrid) le dice: "Auriga, trans-
portarme a las regiones do mora Febo." Tanta mofa
incita a Josefa Massanés a redactar su poema "Resolución" de delicioso humor e incisivo sarcasmo.*

RESOLUCIÓN

¿Que yo escriba? No por cierto,
no me dé Dios tal manía;
antes una pulmonía,
primero irme a un desierto.

Antes que componer, quiero
tener por esposo un rudo,
mal nacido, testarudo,
avariento y pendenciero;

Educar una chiquilla
mimada, traviesa y boba;
oír vecina a mi alcoba
la Giralda de Sevilla.

Si yo compongo, mi rima
censure el dómine necio,
lea el sabio con desprecio,
y un zallo cajista imprima;

Un muchacho la recite

85

con monótona cadencia,
la destroce en mi presencia,
y ponga frases y quite...

¡Oh! No habrá quien me convenza,
bien puede usted argüír:
¡una mujer escribir
en España! ¡Qué vergüenza!

¿Pues no se viera en mal hora
que la necia bachillera
hasta francés aprendiera?
¿Ha de ir de embajadora?

Antes, señor, las muchachas
no estudiaban, ni leían...
pero en cambio, ¡cuál fregaban!
¡Barrían con un primor!

Hilaban como la araña,
amasaban pan, cernían,
y apuesto que no sabían
si el godo invadió o no España.

¿Qué le importa a la mujer
de dó se exporta el cacao,
si es pesca o no el bacalao,
como lo sepa cocer?...

¡Cuál quedara mi persona,

mordida por tanta boca!
Me llamaran necia, loca,
visionaria, doctorona.

Sin amor ni compasión,
alguno, con tono ambiguo,
dice que de escrito antiguo
es copia mi concepción.

Sin aseo la loquilla,
siempre a vueltas con Cervantes,
recitando consonantes
de Calderón o Zorrilla.

¿Cómo podrá gobernar
bien su casa? ¡Es imposible!
¡Cual si fuera incompatible
coser y raciocinar!

Anatema al escribir,
al meditar y leer;
amigo, sólo coser
y murmurar, o dormir.

DOLORES VEINTIMILLA DE GALINDO

[Quito (Ecuador), 1830-Quito, 1857]

Sus aficiones literarias, evidentes desde muy temprana edad, le hicieron buscar la amistad de gente de letras. A los 14 años se casó con el médico colombiano Sixto Galindo. Mientras residían en Cuenca, un indígena, acusado de parricida, fue condenado a muerte. Dolores salió en su defensa, exponiéndose a los ataques de aquella sociedad tan ortodoxa y fanática. Desamparada y derrotada, quemó entonces sus poemas (dejándonos tan sólo una decena) y se envenenó el 23 de mayo de 1857, apenas cumplidos 27 años.

QUEJAS

¡Y amarle pude! Al sol de la existencia
se abría apenas soñadora el alma...
Perdió mi pobre corazón su calma
desde el fatal instante en que le hallé.
Sus palabras sonaron en mi oído
como música blanda y deliciosa;
subió a mi rostro el tinte de la rosa;
como la hoja en el árbol vacilé.

Su imagen en el sueño me acosaba
siempre halagüeña, siempre enamorada;
mil veces sorprendiste, madre amada,
en mi boca un suspiro abrasador;
y era él quien lo arrancaba de mi pecho;
él, la fascinación de mis sentidos;
él, ideal de mis sueños más queridos;
él, mi primero, mi ferviente amor.

Sin él, para mí el campo placentero
en vez de flores me obsequiaba abrojos;
sin él eran sombríos a mis ojos
del sol los rayos en el mes de abril.
Vivía de su vida apasionada;
era el centro de mi alma el amor suyo;
era mi aspiración, era mi orgullo...
¿Por qué tan presto me olvidaba el vil?

No es mío ya su amor, que a otra prefiere.
Sus caricias son frías como el hielo;
es mentira su fe, finge desvelo...
Mas no me engañará con su ficción...
¡Y amarle pude, delirante, loca!
¡No, mi altivez no sufre su maltrato!
Y si a olvidar no alcanzas al ingrato,
¡te arrancaré del pecho, corazón!

ROSALÍA DE CASTRO

[Santiago de Compostela, España, 24 de febrero de 1837-Padrón, España, 15 de julio de 1885]

Nació en Galicia en 1837 y compuso sus primeros versos antes de cumplir 12 años. En una sociedad ultra-conservadora no se pasaba por alto el que Rosalía fuera hija natural: tenía 15 años cuando sus amiguitas se niegan a asistir a un baile en su compañía.

En 1856 Rosalía llega a Madrid cuando el romanticismo estaba en su apogeo y participa en diversas actividades: teatro, periodismo, recitales, y publica, además, un poemario. La flor *(1857), recargado con todos los clichés del byronismo à la mode: "¡Sola era yo con mi dolor profundo / en el abismo de un imbécil mundo!", etcétera.*

Sin embargo, en sus Lieders *de 1858 se muestra más realista, declarando que "el patrimonio de la mujer son los grillos de la esclavitud", idea que persiste, al referirse en 1866 a las literatas: "Los hombres no cesan de decirte que una mujer de talento es una verdadera calamidad..." Afortunadamente Rosalía contrajo matrimonio a los 20 años, tuvo muchos hijos, y la buena suerte de que su marido la estimulase a publicar* Cantares gallegos *(1863) y* Follas novas *(1880), poemarios memorables que restituyen al gallego como legítima lengua literaria y logran presentar con intensa autenticidad las tribulaciones de la gente más pobre y más explotada de España.*

Ya al finalizar su existencia —murió de cáncer en

1885 en el término municipal de Padrón— optando por una difusión más amplia de su obra. publicó en español una de las obras maestras del siglo XIX: el poemario En las orillas del Sar *(1884).*

LIEDERS (1858)

¡Oh, no quiero ceñirme a las reglas del arte! Mis pensamientos son vagabundos, mi imaginación errante, y mi alma sólo se satisface de impresiones.

Jamás ha dominado en mi alma la esperanza de la gloria, ni he soñado nunca con laureles que oprimiesen mi frente. Sólo cantos de independencia y libertad han balbucido mis labios, aunque alrededor hubiese sentido, desde la cuna ya, el ruido de las cadenas que debían aprisionarme para siempre, porque el patrimonio de la mujer son los grillos de la esclavitud.

Yo, sin embargo, soy libre, libre como los pájaros, como las brisas; como los árabes en el desierto y el pirata en el mar.

Libre es mi corazón, libre mi alma, y libre mi pensamiento, que se alza hasta el cielo y desciende hasta la tierra, soberbio como Luzbel y dulce como una esperanza.

Cuando los señores de la tierra me amenazan con una mirada, o quieren marcar mi frente con una mancha de oprobio, yo me río como ellos se ríen, y hago, en apariencia, mi iniquidad más grande que su iniquidad. En el fondo, no obstante, mi corazón es bueno; pero no acato los mandatos de mis iguales y creo que su hechura es igual a mi hechura, y que su carne es igual a mi carne.

Yo soy libre. Nada puede contener la marcha de mis pensamientos, y ellos son la ley que rige mi destino.

¡Oh mujer! ¿Por qué siendo tan pura vienen a proyectarse sobre los blancos rayos que despide tu frente las impías sombras de los vicios de la Tierra? ¿Por qué los hombres derraman sobre ti la inmundicia de sus excesos, despreciando y aborreciendo después en tu moribundo cansancio lo horrible de sus mismos desórdenes y de sus calenturientos delirios?

Todo lo que viene a formarse de sombrío y macilento en tu mirada después del primer destello de tu juventud inocente, todo lo que viene a manchar de cieno los blancos ropajes con que te vistieron las primeras alboradas de tu infancia, y a extinguir tus olorosas esencias y borrar las imágenes de la virtud en tu pensamiento, todo te lo transmiten ellos, todo..., y, sin embargo, te desprecian.

Los remordimientos son la herencia de las mujeres débiles. Ellos corroen su existencia con el recuerdo de unos placeres que hoy compraron a costa de su felicidad y que mañana pesarán sobre su alma como plomo candente.

Espectros dormidos que descansan impasibles en el regazo que se dispone a recibir otro objeto que el que ellos nos presentan, y abrazos que reciben otros abrazos que hemos jurado no admitir jamás.

Dolores punzantes y desgarradores por lo pasado, arrepentimientos vanos, enmiendas de un instante y reproducciones eternas en la culpa, y un deseo de virtud para lo futuro, un nombre honrado y sin mancillar que poder entregar al hombre que nos pide sinceramente una existencia desnuda de riquezas, más pródiga en bondades y sensaciones vírgenes.

He aquí las luchas precedidas siempre por los remordimientos que velan nuestro sueño, nuestras esperanzas, nuestras ambiciones.

¡Y todo esto por una debilidad!

CASTELLANOS DE CASTILLA

Castellanos de Castilla,
tratade ben ós gallegos;
cando van, van como rosas;
cando vén, vén como negros.

[Castellanos de Castilla, / tratad bien a los gallegos; / cuando van, van como rosas, / cuando vuelven, como negros. // Cuan-

93

—Cando foi iba sorrindo,
cando veu, viña morrendo
a luciña dos meus ollos,
o amantiño do meu peito.

Aquel máis que neve branco,
aquel de doçuras cheyo,
aquel por quen eu vivía
e sin quen vivir non quero.

Foi a Castilla por pan,
e saramagos lle deron;
déronlle fel por bebida,
peniñas por alimento.

Déronlle, en fin, canto amargo
ten a vida no seu seo...
¡Castellanos, castellanos,
tendes coraçón de ferro!

¡Ay!, no meu coranzonciño
xa non pode haber contento,
que está de dolor ferido,
que está de loito cuberto.

do fue, iba sonriendo, / cuando regresó, muriendo / la clara
luz de mis ojos, / el amante de mi pecho. // Aquel más que
nieve blanco, / aquel de dulzuras lleno, / aquel por quien yo
vivía / y sin quien vivir no quiero. // A Castilla fue a por
pan / y jaramagos le dieron; / diéronle hiel por bebida, /
guijarros por alimento. // Diéronle en fin cuanto amargo /
tiene la vida en su seno... / ¡Castellanos, castellanos, / tenéis
corazón de hierro! // ¡Ay, ay, en mi corazón / ya no puede
haber contento / que está de dolor herido, / que está de luto

Morreu aquel que eu quería
e para min n'hai consuelo:
solo hai para min, Castilla,
a mala lei que che teño.

Premita Dios, castellanos,
castellanos que aborreço,
que antes os gallegos morran
que ir a pedirvos sustento.

Pois tan mal coraçón tendes,
secos fillos do deserto,
que si amargo pan vos ganan,
dádesllo envolto en veneno.

Aló van, malpocadiños,
todos de esperanza cheyos,
e volven, ¡ay!, sin ventura,
con un caudal de despreços.

Van probes e tornan probes,
van sans e tornan enfermos,
que aunque eles son como rosas,
tratádelos como negros.

cubierto! // Murió aquel a quien quería / y para mí no hay
consuelo: / sólo hay para mí, Castilla, / la mala ley que te
tengo. // Permita Dios, castellanos, / castellanos que aborrezco, / que antes los gallegos mueran / que ir a pediros
sustento. // Tan mal corazón tenéis, / secos hijos del desierto, / que si amargo pan os ganan / lo dais envuelto en veneno. // Allá van los desdichados / todos de esperanzas llenos,
/ y vuelven ¡ay! sin ventura / con un caudal de desprecios. //
Van pobres y vuelven pobres, / van sanos, vuelven enfermos / que aunque ellos son como rosas / los maltratáis como

¡Castellanos de Castilla,
tendes coraçón de aceiro,
alma como as penas dura,
e sin entrañas o peito!

En trós de palla sentados,
sin fundamentos, soberbos,
pensás que os nosos filliños
para servivos naceron.

E nunca tan torpe idea,
tan criminal pensamento
coupo en máis fátuas cabezas
ni en máis fátuos sentimentos.

Que Castilla e castellanos,
todos nun montón a eito,
non valen o que unha herbiña
destes nosos campos frescos.

Solo peçoñosas charcas
detidas no ardente suelo,
tés, Castilla, que humedezcan
esos teus labios sedentos.

a negros. // ¡Castellanos de Castilla, / tenéis corazón de acero,
/ alma como peñas dura / y sin entrañas el pecho! // En
tronos de paja puestos, / sin fundamento, soberbios, / pensáis
que nuestros hijitos / para serviros nacieron. // Y nunca tan
torpe idea, / tan criminal pensamiento, / cupo en cabezas más
fatuas / ni en más fatuos sentimientos. // Que Castilla y
castellanos, / todos en montón revueltos, / no valen lo que
una brizna / de nuestros campos tan frescos. // Sólo ponzo-
ñosas charcas / sobre el ardoroso suelo / a duras penas re-
frescan / esos tus labios sedientos. // Que el mar te dejó

96

Que o mar deixoute olvidada
e lonxe de ti correron
as brandas auguas que traen
de prantas cen semilleiros.

Nin arbres que che den sombra,
nin sombra que preste alento...
Llanura e sempre llanura,
deserto e sempre deserto...

Esto che tocou, coitada,
por herencia no universo,
¡miserable fanfarrona!...
triste herencia foi por certo.

En verdad non hai, Castilla,
nada como ti tan feyo,
que inda mellor que Castilla
valera decir inferno.

¿Por qué aló foche, meu ben?
¡Nunca tal houberas feito!
¡Trocar campiños frolidos
por tristes campos sin rego!

olvidada / y lejos de ti corrieron / las blandas aguas que
traen / de plantas cien semilleros. // Ni árboles que den
sombra, / ni sombra que preste aliento... / Llanura y siempre llanura, / desierto y siempre desierto... // Eso te tocó,
infeliz, / por herencia de universo, / ¡miserable fanfarrona!..., / triste herencia fue por cierto. // En verdad que
no hay, Castilla, / nada como tú tan feo, / que mejor aún que
Castilla / valiera decir infierno. // ¿Por qué allá fuiste, mi
bien? / ¡Nunca tal hubieras hecho! / Trocar campiñas flo-
ridas / por tristes campos sin riego. // Trocar tan claras

¡Trocar tan craras fontiñas,
ríos tan murmuradeiros
por seco polvo que nunca
mollan as bágoas do ceo!

Mais, ¡ay!, de onde a min te foches
sin dór do meu sentimento,
y aló a vida che quitaron,
aló a mortiña che deron.

Morreches, meu quiridiño,
e para min n'hay consuelo,
que onde antes te vía, agora
xa solo unha tomba vexo.

Triste como a mesma noite,
farto de dolor o peito,
pídolle a Dios que me mate,
porque xa vivir non quero.

Mais en tanto non me mata,
castellanos que aborreço,
hei, para vergonza vosa,
heivos de cantar xemendo:

fontanas, / ríos tan murmuraderos, / por seco polvo que nunca / mojan lágrimas del cielo. // Mas ¡ay!, que de mí te
fuiste/ sin compasión de mi afecto: / la vida allí te quitaron /
y allí la muerte te dieron. // Moriste, querido mío, / y para
mí no hay consuelo, / que donde antes te veía, / sólo ya una
tumba veo. // Triste como misma noche, / harto de dolor
el pecho, / pídole a Dios que me mate / porque vivir ya no
quiero. // Pero en tanto no me mata, / castellanos que aborrezco, / he, para vergüenza vuestra, / he de cantaros gi-

¡Castellanos de Castilla,
tratade ben ós gallegos;
cando van, van como rosas;
cando vén, vén como negros!

ADIÓS, RÍOS; ADIÓS, FUENTES...

Adiós, ríos; adiós fontes;
adiós, regatos pequeños;
adiós, vista dos meus ollos,
non sei cando nos veremos.

Miña terra, miña terra,
terra donde me eu criey,
hortiña que quero tanto
figueiriñas que prantey,

prados, ríos, arboredas,
pinares que move o vento,
paxariños piadores,
casiña do meu contento,

miendo. // Castellanos de Castilla, / tratad bien a los gallegos; / cuando van, van como rosas; / cuando vuelven, como
negros.]

[Adiós, ríos; adiós, fuertes; / adiós, regatos pequeños; / adiós,
vistas de mis ojos: / no sé cuándo nos veremos. // Tierra
mía, tierra mía, / tierra donde me crié, / huertecita que amo
tanto, / higueritas que planté, // prados, ríos, arboledas, /
pinares que mueve el viento, / pajarillos piadores, / casita de
mi contento, // molino del castañar, / noches claras de lunar,
/ campanitas timbradoras / de la iglesia del lugar, // moritas

99

muíño dos castañares,
noites craras de luar,
campaniñas trimbadoras
da igrexiña do lugar,

amoriñas das silveiras
que eu lle daba ó meu amor,
camiñiños antre o millo,
¡adiós, para sempre, adiós!

¡Adiós groria! ¡Adiós contento!
¡Deixo a casa onde nacín,
deixo a aldea que conoço
por un mundo que non vin!

Deixo amigos por estraños,
deixo a veiga polo mar,
deixo, en fin, canto ben quero...
¡Quén pudera no o deixar...!

Mais, son probe e, ¡mal pecado!,
a miña terra n'é miña,
que hastra lle dan de prestado
a beira por que camiña
ó que nacéu desdichado.

de los zarzales / que yo le daba a mi amor, / caminos entre
maizales, / ¡adiós, para siempre adiós! // ¡Adiós, gloria!
¡Adiós, contento! / ¡Dejo casa en que nací / y la aldea que
conozco / por un mundo que no vi! // Dejo amigos por ex-
traños, / y la vega por el mar, / dejo, en fin, cuanto bien
quiero / ¡Quién pudiera no dejar...! // Mas soy pobre y,
¡mal pecado!, / mi tierra mía no es, / que hasta le dan de
prestado / la vera por que camina / al que nació desdicha-

Téñovos, pois, que deixar,
hortiña que tanto améi,
fogueiriña do meu lar,
arboriños que prantéi,
fontiña do cabañar.

Adiós, adiós, que me vou,
herbiñas do camposanto,
donde meu pay se enterróu,
herbiñas que biquey tanto,
terriña que nos criou.

Adiós, Virxe da Asunción,
branca como un serafín:
lévovos no coraçón;
pedídelle a Dios por min,
miña Virxe da Asunción.

Xa se oyen lonxe, moy lonxe,
as campanas do Pomar;
para min, ¡ay!, coitadiño,
nunca máis han de tocar.

do. // Os tengo, pues, que dejar, / huerta que yo tanto
amé / hoguerita de mi lar, / arbolillos que planté, / fontana
del cabañar. // Adiós, adiós, que me voy, / yerbitas del camposanto / do mi padre se enterró, / yerbitas que besé tanto, / tierra que a mí me crió. // Adiós, Virgen de Asunción /
blanca como un serafín, / os llevo en el corazón; / a Dios
pedidle por mí, / mi Virgen de la Asunción. // Ya se oyen
lejos, muy lejos, / las campanas del Pomar; / para mí, ¡ay!,
desdichado / nunca más han de tocar. // Ya se oyen lejos,

101

Xa se oyen lonxe, máis lonxe...
Cada balada é un dolor;
voume soyo, sin arrimo...
Miña terra, ¡adiós!, ¡adiós!

¡Adiós tamén, queridiña...
Adiós por sempre quizáis! ...
Dígoche este adiós chorando
dende a beiriña do mar.

Non me olvides, queridiña,
si morro de soidás...
Tantas légoas mar adentro...
¡Miña casiña!, ¡meu lar!

LAS LITERATAS: CARTA A EDUARDA (1866)

Los hombres no cesan de decirte siempre que
pueden que una mujer de talento es una verdadera calamidad, que vale más casarse con la
burra de Balaán, y que sólo una tonta puede hacer la felicidad de un mortal *varón*.

Sobre todo los que escriben y se tienen por
graciosos, no dejan pasar nunca la ocasión de

más lejos... / cada son es un dolor; / voyme solo, sin arrimo, / tierra mía, ¡adiós!, ¡adiós! // ¡Adiós también, queridiña! / Adiós por siempre quizás... / Dígote este adiós llorando / desde la orilla del mar. // No me olvides, queridiña, / si muero de soledad... / Tantas leguas mar adentro... /
¡Casiña mía!... ¡Mi lar!...]

decirte que las mujeres deben dejar la pluma y repasar los calcetines de sus maridos, si lo tienen, y si no, aunque sean los del criado. Cosa fácil era para algunas abrir el armario y plantarle delante de las narices los zurcidos pacientemente trabajados, para probarle que el escribir algunas páginas no le hace a todas olvidarse de sus quehaceres domésticos, pudiendo añadir que los que tal murmuran saben olvidarse, en cambio, de que no han nacido más que para tragar el pan de cada día y vivir como los parásitos.

Pero es el caso, Eduarda, que los hombres miran a las literatas peor que mirarían al diablo, y éste es un nuevo escollo que debes temer, tú que no tienes dote. Únicamente alguno de verdadero talento pudiera, estimándote en lo que vales, despreciar necias y aun erradas preocupaciones; pero... ¡ay de ti entonces!, ya nada de cuanto escribes es tuyo, se acabó tu numen, tu marido es el que escribe y tú la que firmas.

Yo, a quien sin duda un mal genio ha querido llevar por el perverso camino de las musas, sé harto bien la senda que en tal peregrinación recorremos. Por lo que a mí respecta, se dice muy corrientemente que mi marido trabaja sin cesar para hacerme inmortal. Versos, prosa, bueno o malo, todo es suyo; pero sobre todo, lo que les parece menos malo, y no hay principiante de poeta ni hombre sesudo que no lo afirme. ¡De tal modo le cargan pecados que no ha cometido!

103

Enfadosa preocupación, penosa tarea, por cierto, la de mi marido, que costándole aún trabajo escribir para sí (porque la mayor parte de los poetas son perezosos), tiene que hacer además los libros de su mujer, sin duda con el objeto de que digan que tiene una esposa *poetisa* (esta palabra ya llegó a hacerme daño) o novelista, es decir, lo peor que puede ser hoy una mujer.

Ello es algo absurdo si bien se reflexiona, y hasta parece oponerse al buen gusto y a la delicadeza de un hombre y de una mujer que no sean absolutamente necios... Pero ¿cómo creer que *ella* pueda escribir tales cosas? Una mujer a quien ven todos los días, a quien conocen desde niña, a quien han oído hablar, y no andaluz, sino lisa y llanamente como cualquiera, ¿puede discurrir y escribir cosas que a *ellos* no se les han pasado nunca por las mentes, y eso que han estudiado y saben filosofía, leyes, retórica y poética, etc.?... Imposible; no puede creerse a no ser que viniese Dios a decirlo.

Daquelas que cantan as pombas i as frores,
todos din que teñen alma de muller.
Pois eu que n'as canto, Virxe da Paloma,
    ¡ai! ¿de qué a teréi?

UNHA VEZ TIVEN UN CRAVO. . .

Unha vez tiven un cravo
    cravado no corazón,
i eu non me acordo xa si era aquel cravo
    de ouro, de ferro ou de amor.
Sóio sei que me fixo un mal tan fondo,
    que tanto me atormentóu,
que eu día e noite sin cesar choraba
cal choróu Madanela na Pasión.
    "Señor, que todo o podedes
    —pedínlle unha vez a Dios—,
daime valor para arrincar dun golpe
    cravo de tal condición".

[De aquellas que cantan palomas y flores / dicen que tienen
alma de mujer. // Mas yo que no las canto, Virgen mía, /
¿de qué, ay, la tendré?]

[Una vez yo tuve un clavo / clavado en el corazón, / ya no
recuerdo si el clavo / era de oro, de hierro o de amor. / Sólo
sé que me hizo un mal tan hondo, / que tanto me atormen-
tó, / que día y noche sin cesar lloraba / cual lloró Magdalena en la Pasión. / "Señor que todo lo puedes / —le pedí
una vez a Dios—, / dame valor para arrancar de un golpe /

E doumo Dios, e arrinquéino;
    mais... ¿quén pensara...? Despóis
    xa non sentín máis tormentos
    nin soupen qué era delor;
soupen só que non sei qué me faltaba
    e donde o cravo faltóu,
e seica, seica tiven soidades
    daquela pena... ¡Bon Dios!
Este barro mortal que envolve o esprito
    ¡quén o entenderá, Señor...!

AQUEL ROMOR DE CÁNTIGAS E RISAS...

Aquel romor de cántigas e risas,
ir, vir, algarear;
aquel falar de cousas que pasaron
i outras que pasarán;
aquela, en fin, vitalidade inquieta
xuvenil, tanto mal
me fixo, que lles dixen:
"Ivos e non volvás".

clavo de tal condición." // Diómelo Dios, lo arranqué, / mas...
¿quién lo pensara?..., luego / no sentí ya más tormen-
tos / ni supe qué era dolor: / Supe sólo... un no sé qué me
faltaba / en donde el clavo faltó, / y tal vez..., tal vez yo
tuve saudades / de aquella pena... ¡Buen Dios! / Este barro
mortal que envuelve el alma / ¡quién lo entenderá, Señor!]

[Aquel rumor de cántigas y risas, / ir, venir, vocear; / aquel
hablar de cosas que pasaron / y otras que pasarán; / aquella, en fin, vitalidad inquieta / juvenil, tanto mal / me hizo,

Un a un desfilaron silenciosos
por aquí, por alá,
tal como cando as contas dun rosario
se espallan polo chan.
I o romor dos seus pasos, mentres se iñan,
de tal modo hastra min veu resoar,
que non máis tristemente
resoará quisáis
no fondo dos sepulcros
o último adiós que un vivo ós mortos dá.

I ó fin soia quedéi, pero tan soia
que hoxe da mosca e inquieto revoar,
do ratiño o roer terco e constante,
e do lume o *chis chas*,
cando da verde ponla
o fresco sugo devorando vai,
parece que me falan, que os entendo,
que campaña me fan;
i este meu corasón lles di tembrando:
"¡Por Dios..., non vos vaiás!"

que les dije: / "Idos, no retornad." // De uno en uno pasaron
silenciosos / por aquí, por allá, / como cuando las cuentas
de un rosario / ruedan por el solar. / Y el rumor de sus pasos al marcharse / de tal modo hasta mí vino a sonar / que
no más tristemente / resonaran quizás, / en el hondo sepulcro, / los adioses que un vivo a un muerto da. // Y al fin
sola quedé, pero tan sola / que hoy de la mosca el inquieto
volar, / del ratón el roer terco y constante, / y del fuego
el chiscar / cuando de verde rama / el fresco jugo devorado
va: / parece que me hablan, que los entiendo, / que com-
paña me han: / y mi corazón temblando les dice: / "¡Por

¡Qué doce, mais qué triste
tamén é a soledad!

ANDO BUSCANDO MELES E FRESCURA...

Ando buscando meles e frescura
    para os meus labios secos,
i eu non sei cómo atopo, ni por ónde,
    queimores e amarguexos.

Ando buscando almíbres que almibaren
    estos meus agres versos,
i eu non sei cómo, nin por ónde, sempre
    se lles atopa un fero.

I o ceo e Dios ben saben
    non teño a culpa deso.
¡Ai!, sin querelo, tena
    o lastimado corazón enfermo.

AGORA CABELOS NEGROS...

Agora cabelos negros,

Dios...! ¡No, no marchad!" // ¡Qué dulce, pero qué triste / es también la soledad!]

[Ando buscando mieles y frescura / para mis labios secos; /
y no sé cómo encuentro ni por dónde / ardores y tormen-
tos. // Ando buscando almíbares que endulcen / estos agrios
versos, / y no sé cómo ni por dónde siempre / se les cruza
un duelo. // Y el cielo y Dios bien saben / que no tengo
culpa de eso. / Quizá sin querer tenga / el lastimado corazón
enfermo.]

[Ahora cabellos negros, / más tarde cabellos blancos; / ahora

108

máis tarde cabelos brancos;
agora dentes de prata,
mañán chavellos querbados;
hoxe fazudas de rosas,
mañán de coiro enrugado.

Morte negra, morte negra,
cura de dores e engaños:
¿por qué non mátalas mozas
antes que as maten os anos?

ÉSTE VAISE I AQUÉL VAISE. . .

Éste vaise i aquél vaise,
e todos, todos se van.
Galicia, sin homes quedas
que te poidan traballar.
Tes, en cambio, orfos e orfas
e campos de soledad,
e nais que non teñen fillos
e fillos que non tén pais.
E tes corazóns que sufren
longas ausencias mortás,

dientes de plata, / mañana dientes quebrados; / ahora mejillas de rosas, / mañana cuero arrugado. // Muerte negra,
muerte negra, / cura de dolor y engaños, / ¿por qué no matas
las mozas / antes que las maten años?]

[Éste se va y se va aquél, / y todos, todos se van. / Galicia,
sin hombres quedas / que te puedan trabajar. / Huérfanos
a cambio tienes / y campos de soledad, / madres que están
sin sus hijos, / e hijos que sin padre están. / Y corazones

viudas de vivos e mortos
que ninguén consolará.

TECÍN SOIA A MIÑA TEA...

Tecín soia a miña tea,
sembréi soia o meu nabal,
soia vou por leña ó monte,
soia a vexo arder no lar.
Nin na fonte nin no prado,
así morra coa carrax,
el non ha de virme a erguer.
el xa non me pousará.
¡Qué tristeza! O vento soa,
canta o grilo ó seu compás...;
ferve o pote..., mais, meu caldo,
soíña te hei de cear.
Cala, rula; os teus arrulos
ganas de morrer me dan;
cala, grilo, que si cantas,
sinto negras soidás.

que sufren / la larga ausencia mortal, / viudas de vivos y
muertos / que nadie consolará.]

[Tejí yo sola mi tela, / sembré sola mi nabal; / sola voy por
leña al monte, / sola veo arder el lar. / Ni en la fuente ni
en el prado / aunque muera de pesar / no ha de venir a
ayudarme, / él ya no me sostendrá. / ¡Qué tristeza! El viento
sopla, / canta el grillo su compás..., / hierve el pote...,
¡caldo mío, / solita te he de tomar! / Calla, tórtola: tu
arrullo / ganas de morir me da; / calla, grillo, que si can-

O meu homiño perdéuse,
ninguén sabe en ónde vai...
Anduriña que pasache
con el as ondas do mar;
anduriña, voa, voa,
ven e dime en ónde está.

NON COIDARÉI XA OS ROSALES...

Non coidaréi xa os rosales
que teño seus, nin os pombos;
que sequen, como eu me seco,
que morran, como eu me morro.

YA QUE DE LA ESPERANZA...

Ya que de la esperanza para la vida mía
triste y descolorido ha llegado el ocaso,
a mi morada oscura, desmantelada y fría
        tornemos paso a paso,
porque con su alegría no aumente mi amargura
        la blanca luz del día.

tas, / siento negra soledad. / El hombre mío perdióse, /
nadie sabe dónde va... / Golondrina que pasaste / con él
las olas del mar. / ¡Golondrina, vuela, vuela, / vuelve y dime
dónde está!]

[No cuidaré ya de los rosales / ni los palomos que suyos tengo: / que se sequen, como yo me seco; / que se mueran,
como yo me muero.]

Contenta, el negro nido busca el ave agorera;
bien reposa la fiera en el antro escondido;
en su sepulcro, el muerto; el triste, en el olvido,
  y mi alma en su desierto.

CANDENTE ESTÁ LA ATMÓSFERA...

Candente está la atmósfera;
explora el zorro la desierta vía;
    insalubre se torna
del limpio arroyo el agua cristalina,
    y el pino aguarda inmóvil
los besos inconstantes de la brisa.

    Imponente silencio
    agobia la campiña;
sólo el zumbido del insecto se oye
en las extensas y húmedas umbrías;
    monótono y constante
como el sordo estertor de la agonía.

Bien pudiera llamarse, en el estío,
    la hora del mediodía,
noche en que al hombre de luchar cansado,
    más que nunca le irritan
de la materia la imponente fuerza
y del alma las ansias infinitas.

Volved, ¡oh noches del invierno frío,
nuestras viejas amantes de otros días!
Tornad con vuestros hielos y crudezas

112

a refrescar la sangre enardecida
por el estío insoportable y triste. . .
¡Triste!. . . ¡Lleno de pámpanos y espigas!

Frío y calor, otoño o primavera,
¿dónde . . . dónde se encuentra la alegría?
Hermosas son las estaciones todas
para el mortal que en sí guarda la dicha;
mas para el alma desolada y huérfana,
no hay estación risueña ni propicia.

DEL RUMOR CADENCIOSO DE LA ONDA. . .

Del rumor cadencioso de la onda
    y el viento que muge,
del incierto reflejo que alumbra
    la selva y la nube;
del piar de alguna ave de paso,
del agreste ignorado perfume
    que el céfiro roba
    al valle o a la cumbre,
mundos hay donde encuentran asilo
    las almas que al peso
    del mundo sucumben.

YA NO MANA LA FUENTE. . .

Ya no mana la fuente, se agotó el manantial;
ya el viajero allí nunca va su sed a apagar.

113

Ya no brota la hierba, ni florece el narciso,
ni en los aires esparcen su fragancia los lirios.
Sólo el cauce arenoso de la seca corriente
le recuerda al sediento el horror de la muerte.
¡Mas no importa! A lo lejos otro arroyo murmura
donde humildes violetas el espacio perfuman.
Y de un sauce el ramaje, al mirarse en las ondas,
tiende en torno del agua su fresquísima sombra.
El sediento viajero que el camino atraviesa
humedece los labios en la linfa serena
del arroyo, que el árbol con sus ramas sombrea,
y dichoso se olvida de la fuente ya seca.

YO NO SÉ LO QUE BUSCO ETERNAMENTE...

Yo no sé lo que busco eternamente
en la tierra, en el aire y en el cielo;
yo no sé lo que busco; pero es algo
que perdí no sé cuando y que no encuentro,
aun cuando sueñe que invisible habita
en todo cuanto toco y cuanto veo.
¡Felicidad, no he de volver a hallarte
en la tierra, en el aire, ni en el cielo,
      aun cuando sé que existes
      y no eres vano sueño!

DICEN QUE NO HABLAN LAS PLANTAS...

Dicen que no hablan las plantas, ni las fuentes,

114

ni los pájaros, ni el onda con sus rumores, ni con
su brillo los astros.
Lo dicen: pero no es cierto, pues siempre cuan-
    do yo paso
de mí murmuran y exclaman
        —Ahí va la loca soñando
con la eterna primavera de la vida y de los
    campos,
y ya bien pronto, bien pronto, tendrá los cabellos
    canos,
y ve temblando, aterida, que cubre la escarcha
    el prado.

MIENTRAS EL HIELO LAS CUBRE. . .

Mientras el hielo las cubre
con sus hilos brillantes de plata
todas las plantas están ateridas,
ateridas como mi alma.

Esos hielos para ellas
son promesa de flores tempranas
son para mí silenciosos obreros
que están tejiéndome la mortaja.

YO EN MI LECHO DE ABROJOS. . .

Yo en mi lecho de abrojos,
tú en tu lecho de rosas y de plumas,

verdad dijo el que dijo que un abismo
media entre mi miseria y tu fortuna.
Mas yo no cambiaría
por tu lecho mi lecho,
pues rosas hay que manchan y emponzoñan
y abrojos que, a través de su aspereza,
nos conducen al cielo.

LAS CAMPANAS

Yo las amo, yo las oigo
cual oigo el rumor del viento,
el murmurar de la fuente
o el balido del cordero.

Como los pájaros, ellas,
tan pronto asoma en los cielos
el primer rayo del alba,
le saludaban con sus ecos.

Y en sus notas, que van prolongándose
por los llanos y los cerros,
hay algo de candoroso,
de apacible y de halagüeño.

Si por siempre enmudecieran,
¡qué tristeza en el aire y en el cielo!
¡Qué silencio en las iglesias!
¡Qué extrañeza entre los muertos!

¡Justicia de los hombres!, yo te busco
    pero sólo te encuentro
en la "palabra", que tu nombre aplaude
mientras te niega tenazmente el "hecho".

    —Y tú, ¿dónde resides? —me pregunto
con aflicción—, justicia de los cielos!
cuando el pecado es obra de un instante,
y durará la expiación terrible.
    ¡Mientras dure el Infierno!

SINTIÉNDOSE ACABAR CON EL ESTÍO...

Sintiéndose acabar con el estío
    la deshauciada enferma,
      ¡moriré en el otoño!
—pensó, entre melancólica y contenta—,
y sentiré rodar sobre mi tumba
    las hojas también muertas.

Mas... ni aun la muerte complacerla quiso,
    cruel también con ella:
perdonóle la vida en el invierno,
y, cuando todo renacía en la tierra,
la mató lentamente entre los himnos
alegres de la hermosa primavera.

117

LAURA MÉNDEZ DE CUENCA

[Amecameca (México), 1853-Ciudad de México, 1928]

Laura Méndez nació cerca de la aldea donde había nacido, dos siglos antes, Juana de Asbaje (sor Juana Inés de la Cruz) y por rara coincidencia tenía mucho en común con ella: escribía poesía desde su niñez, ansiaba con furibunda pasión aprenderlo todo, y le preocuparon siempre los problemas de la mujer frente a aquel mundo de machos. Hay que ver que a pesar de sus setenta años Laura Méndez todavía asistía a las clases que daba Salvador Novo, entre otros, en la Facultad de Altos Estudios. Paralelamente a su enorme curiosidad intelectual, siempre participó en las luchas feministas, no sólo en la tribuna política sino en el aula: enseñó en la escuela de Artes y Oficios para Mujeres y durante algún tiempo dirigió la Escuela Normal de Toluca.

Un año antes de su suicidio, en 1873, Manuel Acuña, presintiendo ya la dinámica de aquella adolescente, le dedicó un poema insuflado de los vientos románticos de su época, que termina con la cuarteta:

Sí, Laura... que tu espíritu despierte
para cumplir con su misión sublime,
y que hallemos en ti a la mujer fuerte
que del oscurantismo se redime.

No sólo se redimió Laura del oscurantismo sino que probó ser más que fuerte, fortísima, desplegando durante

118

medio siglo una intensa tarea feminista que se fue
extendiendo de los periódicos revolucionarios locales
hasta esferas mundiales, al representar, en diversas
ocasiones, a México en congresos mundiales.

NIEBLAS

En el alma la queja comprimida
y henchidos corazón y pensamiento
del congojoso tedio de la vida.

Así te espero, humano sufrimiento:
¡Ay! ¡ni cedes, ni menguas ni te paras!
¡Alerta siempre y sin cesar hambriento!

Pues ni en flaqueza femenil reparas,
no vaciles, que altiva y arrogante
despreciaré los golpes que preparas.

Yo firme y tú tenaz, sigue adelante.
No temas, no, que el suplicante lloro
surcos de fuego deje en mi semblante.

Ni gracia pido ni piedad imploro:
ahogo a solas del dolor los gritos,
como a solas mis lágrimas devoro.

Sé que de la pasión los apetitos
al espíritu austero y sosegado
conturban con anhelos infinitos.

119

Que nada es la razón si a nuestro lado
surge con insistencia incontrastable
la tentadora imagen del pecado.

Nada es la voluntad inquebrantable,
pues se aprisiona la grandeza humana
entre carne corrupta y deleznable.

Por imposible perfección se afana
el hombre iluso; y de bregar cansado,
al borde del abismo se amilana.

Deja su fe en las ruinas del pasado,
y por la duda el corazón herido,
busca la puerta del sepulcro ansiado.

Mas antes de caer en el olvido
va apurando la hiel de un dolor nuevo
sin probar un placer desconocido.

Como brota del árbol el renuevo
en las tibias mañanas tropicales
al dulce beso del amante Febo,

así las esperanzas a raudales
germinan en el alma soñadora
al llegar de la vida a los umbrales.

Viene la juventud como la aurora,
con su cortejo de galanas flores
que el viento mece y que la luz colora.

Y cual turba de pájaros cantores,
los sueños en confusa algarabía,
despliegan su plumaje de colores.

En concurso la suelta fantasía
con el inquieto afán de lo ignorado
forja el amor que el ánimo extasía.

Ya se asoma, ya llega, ya ha pasado;
ya consumió las castas inocencias,
ya evaporó el perfume delicado.

Ya ni se inquieta el alma por ausencias,
ni en los labios enjutos y ateridos
palpitan amorosas confidencias.

Ya no se agita el pecho por latidos
del corazón: y al organismo activa
la congoja febril de los sentidos.

¡Oh ilusión! mariposa fugitiva
que surges a la luz de una mirada,
más cariñosa cuanto más furtiva.

Pronto tiendes tu vuelo a la ignorada
región en que el espíritu confuso
el vértigo presiente de la nada.

Siempre el misterio a la razón se opuso:
el audaz pensamiento el freno tasca
y exámine sucumbe el hombre iluso.

Por fin, del mundo en la áspera borrasca
sólo quedan el árbol de la vida
agrio tronco y escuálida hojarasca.

Voluble amor, desecha la guarida
en que arrulló promesas de ternura,
y busca en otro corazón cabida.

¿Qué deja al hombre al fin? Tedio, amargura,
recuerdos de una sombra pasajera,
quién sabe si de pena o de ventura.

Tal vez necesidad de una quimera,
tal vez necesidad de una esperanza,
del dulce alivio de una fe cualquiera.

Mientras tanto en incierta lontananza
el indeciso término del viaje
¡Ay! la razón a comprender no alcanza.

¿Y esto es vivir? ... En el revuelto oleaje
del mundo, yo no sé ni en lo que creo.
Ven, ¡oh dolor! Mi espíritu salvaje
te espera, como al buitre, Prometeo.

ADELA ZAMUDIO

[Cochabamba (Bolivia), 1854-1928]

*Autodidacta, se dio a conocer como poeta en su ado-
lescencia. Desempeñó cargos en el magisterio, llegan-
do a ser directora del Liceo de Señoritas, llamado hoy
Liceo Adela Zamudio. Asumió una posición de rebeldía intelectual contra el fanatismo religioso. Tanto sus
versos como sus cuentos y novelas los puso al servicio
de las luchas sociales, siendo en efecto una de las precursoras del feminismo sudamericano. En 1926 fue coronada por la ciudad de Cochabamba, donde murió
dos años después.*

NACER HOMBRE

¡Cuánto trabajo ella pasa
por corregir la torpeza
de su esposo, y en la casa!
(Permitidme que me asombre.)
Tan inepto como fatuo,
sigue él siendo la cabeza,
¡Porque es hombre!

Si algunos versos escribe,
de alguno esos versos son,

123

que ella sólo los suscribe.
(Permitidme que me asombre.)
Si ese alguno no es poeta,
¿Por qué tal suposición?
¡Porque es hombre!

Una mujer superior
en elecciones no vota,
y vota el pillo peor.
(Permitidme que me asombre.)
Con tal que aprenda a firmar
puede votar un idiota,
¡Porque es hombre!

Él se abate y bebe o juega
en un revés de la suerte:
ella sufre, lucha y ruega.
(Permitidme que me asombre.)
Que a ella se llame el "ser débil"
y a él se le llame el "ser fuerte".
¡Porque es hombre!

Ella debe perdonar
siéndole su esposo infiel;
pero él se puede vengar.
(Permitidme que me asombre.)
En un caso semejante
hasta puede matar él,
¡Porque es hombre!

¡Oh, mortal privilegiado,
que de perfecto y cabal
gozas seguro renombre!
En todo caso, para esto,
te ha bastado
nacer hombre.

PROGRESO

Hubo un tiempo de amor contemplativo
en que el saber, muy poco positivo,
confundiendo la tierra con los cielos,
ensalzaba las vírgenes modelos.

Y en que inspirándoles horror profundo
la realidad prosaica de este mundo,
las muchachas de quince primaveras
se arrobaban en místicas quimeras.

Pero desde que el hombre sabio y fuerte,
compadecido de su incierta suerte,
discute con profundos pareceres
la educación moral de las mujeres;

desde que ha definido su destino,
no señalándole más que un camino,
y ni virtud ni utilidad concilia
sin la maternidad en la familia;

ya saben ellas desde muy temprano
que amar un ideal es sueño vano,
que su único negocio es buscar novio
y quedar solterona el peor oprobio.

Ninguna ha de quedar chasqueada hoy día
por elegir —como antes sucedía—
que hoy ocupa el lugar de la inocencia
la prematura luz de la experiencia.

Hoy del amor, preciso es no hacer caso,
porque el amor es pobre y pide plazo,
y por salir cuanto antes del apuro,
se acepta lo más próximo y seguro.

De modo que todo hombre hoy al casarse
podrá con la certeza consolarse
de que —a no serlo suya— siempre fuera
su adorada mitad de otro cualquiera.

EL HOMBRE

Cuando abrasado por la sed del alma
quiere el hombre, viajero del desierto,
laureles recoger,
al dintel de las puertas de la gloria.
"Detente aquí" le dice a la mujer.

Y al volver a emprender la ardua carrera,

si siente que flaquea su valor,
"Ven, ven —la dice entonces—,
tú eres mi compañera
en las horas de lucha y de dolor. . ."

ANÓNIMO (UNA CUBANA)

[Cuba, fl. 1878]

Tan sólo se sabe que la autora era cubana y que su poema apareció en el seminario El Áncora, *"Órgano de la Sociedad Popularmexicana del Trabajo / Semanario socialista de política, religión, ciencias, literatura, industria, comercio, variedades", México,* T. I, *núm. 13, 23 de febrero de 1878.*

RAZONES DE UNA POETISA

Vosotros que murmuráis
sin tener quizás razón
y a la mujer condenáis
tan sólo por que dudáis
que tenga imaginación:
   Vosotros que sin conciencia
de vuestra opinión sutil,
decís que saber y ciencia
son de hombres de experiencia,
no del sexo femenil.
   Y emitís el parecer
de que la escoba, el puchero,

primorosa en el coser
y no mirar un tintero,
es misión de la mujer.

Escuchad las reflexiones
que en mi tierna fantasía,
formaron las impresiones
de esas mismas expresiones
cuando las oyera un día.

¿Creéis que la flor trasplantada
en su más risueña infancia,
del valle de la ignorancia
a una selva cultivada,
adquiere brillo y fragancia?

Así también la mujer
que recibe ilustración
desde la infancia, ha de ser
en la edad de la razón
más exacta en su deber.

Y que ¿tanto os maravilla
que una joven poetisa,
que admira a Larra y Zorrilla
borde una fina camisa
o teje un chal o mantilla?

¡Cuántas veces lentamente
con plácida inspiración
formé una octava en mi mente
y mi aguja diligente
remendaba un pantalón!

Una producción de Herédia
recitaba entusiasmada

tomando punto a una media:
Ved, pues, que no impide nada
al alma que el genio asedia.

Y si algún día el destino
me obliga a barrer mi alcoba,
¿creeréis que haga un desatino?
Vereis manejar con tino
a una poetisa, una escoba.

Y después que concluyera
el deber que me imponía,
¿qué particular tuviera
que inspirada yo escribiera
una dulce poesía?

Sabedlo, pues, la mujer
que recibe ilustración
desde su infancia ha de ser
en la edad de la razón
más exacta en su deber.

Estas son las reflexiones,
hombres, que debéis hacer,
no injustas acusaciones,
ni dar falsas opiniones
en contra de la mujer.

ERMELINDA ORMAECHE Y BEGOÑA

[España, fl. 1878]

Al igual que de "La cubana" anónima, nos faltan datos sobre la vida y obra de Ermelinda Ormaeche y Begoña, quien desde Santander, remitió a la prensa el 21 de marzo de 1878 el poema que comienza "Pasaron, es verdad, aquellos tiempos. . ." y que nos place reimprimir ahora.

PASARON, ES VERDAD, AQUELLOS TIEMPOS. . .

Pasaron, es verdad, aquellos tiempos
en que el hombre soberbio y egoísta,
en el mundo moral éralo todo,
al par que el mundo físico regía.

El Cristianismo, al descender del cielo,
las cadenas rompió de la cautiva,
y desapareciendo el bruto hermoso,
se alzó la criatura noble y digna.

Empero ¿se ha hecho ya cuanto era dable?
¿Se ha llegado a la meta apetecida?
¡Oh, no! Aún hay que trabajar con brío,
con fe, con indomable valentía.

Falta lo más difícil; la batalla
última, que ha de ser la decisiva,
y de la cual han de salir triunfantes
la razón, la verdad y la justicia.

Del templo del saber las áureas puertas
aún permanecen fuertemente unidas
ante el ser racional, igual al hombre,
que piensa y siente y a la gloria aspira.

Y crea, y ama, y en la mente lleva
el átomo de luz, la ardiente chispa
que, encendida por Dios, vierte en su torno
rayos de claridad jamás extinta.

¿Y es esto justo? El ser privilegiado
que ocupa en el hogar, en la familia,
el más alto escalón, que desempeña
la más grande y augusta jerarquía;

El ser a cuyo seno el hombre ingrato
llega a beber la savia de la vida,
y que más tarde, con cariño inmenso,
sus torpes pasos por el mundo guía;

Que guarda para él ¡para él tan sólo!
en su pecho ternuras infinitas;
que en los momentos de terrible prueba,
su fe, ya vacilante, fortifica...

¡La madre! ¿Ha de llevar sobre su frente
de la ignorancia el vergonzoso estigma,
que arranque al labio de su propio hijo
de lástima o de burla una sonrisa?

¡Pensadlo bien, vosotros los que abrigo
a preocupaciones tan mezquinas

132

dais, cual la de creer —¡pobres ilusos!—
que a la mujer la ciencia perjudica!

—Pensadlo bien! Y lejos de oponeros
al logro de su empresa santa y digna,
lanzando contra ella estéril lluvia
de sarcasmos y necias diatribas.

Prestadle todos generoso apoyo
para que, exenta de temores, siga
por la gloriosa, aunque escarpada senda,
que al fin que se propone la encamina.

El levantado móvil que la impulsa,
el deseo ardoroso que la anima,
es solamente el bien de los humanos,
es el afán de asegurar su dicha.

Unid, pues, a la suya vuestras voces,
y un himno de dulcísima armonía
del mundo por los ámbitos se extienda,
llevado en alas de ligera brisa.

Saludad entusiastas a esa aurora
que, bella y sonriente, se aproxima,
de las tinieblas desgarrando el fondo
con el destello de su lumbre viva.

Aunad vuestros esfuerzos, que ninguno
de la razón al yugo se resista,
y veréis cuál se forma grano a grano
la montaña titánica y altiva.

¡Y tú, feliz doncella, en cuyas manos
tremola la bandera bendecida
que en sus pliegues ostenta el lema santo
de *Protección, Moralidad, Justicia.*

Tú, que sientes latir dentro del pecho
un corazón en que la fe se anida,
no desmayes jamás! "¡Siempre adelante",
recuerda que has fijado en tu divisa!

DELMIRA AGUSTINI

[Montevideo, 24 de octubre de 1886-6 de julio de 1914]

Descendía Delmira de familia acomodada, mezcla de franceses, alemanes, argentinos y uruguayos. Rubia, hermosa, precoz, se educó en un ambiente familiar. Un amigo íntimo nos dice: "Mostró desde los primeros años una inteligencia increíble para todo género de aprendizaje. A poco más de un año de edad ya hablaba claramente; a los cinco ya leía y escribía con toda soltura; a los diez hacía versos que, debajo de su forma muy simple, revelan un temperamento que no tiene nada de pueril."

La carrera literaria de Delmira Agustini apenas dura seis años: comienza con El libro blanco *(1907) y termina con* Cantos de la mañana *(1910) y* Los cálices vacíos *(1913). La atormentaba la urgencia de un amor ideal, tanto intelectual y espiritual como físico, pero se casó con un hombre común, aburguesado, y a las pocas semanas estaba de regreso en el hogar paterno. Al entablarse el proceso de divorcio, él la citó en un hotel y la mató para luego suicidarse a su lado.*

En la poesía de Delmira, a menudo hermética, se vislumbra su necesidad de un amor total (intelectual, espiritual, físico) imposible de realizar y que ella percibe como trágica dicotomía entre la voracidad erótica del macho y su pasión femenina como fuerza estética constructiva —dialéctica que se traduce en animada imaginería: buitres / palomas rosas; hongo gigante, muerto y vivo / una flor que abriera..., etc. Como

135

*Rubén Darío caracterizó a Delmira: "Alma sin velos
y corazón de flor" —su libido fue un anhelo de idea-
lidad insaciable.*

VISIÓN

¿Acaso fue en un marco de ilusión,
en el profundo espejo del deseo,
o fue divina y simplemente en vida
que yo te vi velar mi sueño la otra noche?
En mi alcoba agrandada de soledad y miedo,
taciturno a mi lado apareciste
como un hongo gigante, muerto y vivo,
brotado en los rincones de la noche,
húmedos de silencio,
y engrasados de sombra y soledad.

Te inclinabas a mí, supremamente,
como a la copa de cristal de un lago
sobre el mantel de fuego del desierto;
te inclinabas a mí, como un enfermo
de la vida a los opios infalibles
y a las vendas de piedra de la Muerte.

Te inclinabas a mí como el creyente
a la oblea de cielo de la hostia...

—Gota de nieve con sabor de estrellas
que alimenta los lirios de la Carne,

136

chispa de Dios que estrella los espíritus.
Te inclinabas a mí como el gran sauce
de la Melancolía
a las hondas lagunas del silencio;
te inclinabas a mí como la torre
de mármol del Orgullo,
minada por un monstruo de tristeza,
a la hermana solemne de su sombra...
Te inclinabas a mí como si fuera
mi cuerpo la inicial de tu destino
en la página oscura de mi lecho;
te inclinabas a mí como al milagro
de una ventana abierta al más allá.

¡Y te inclinabas más que todo eso!

Y era mi mirada una culebra
apuntada entre zarzas de pestañas
al cisne reverente de tu cuerpo.
Y era mi deseo una culebra
glisando entre los riscos de la sombra
a la estatua de lirios de tu cuerpo.

Tú te inclinabas más y más... y tanto,
y tanto te inclinaste,
que mis flores eróticas son dobles,
y mi estrella es más grande desde entonces.
Toda tu vida se imprimió en mi vida...

Yo esperaba suspensa el aletazo

del abrazo magnífico; un abrazo
de cuatro brazos que la gloria viste
de fiebre y de milagro, ¡será un vuelo!
Y pueden ser los hechizados brazos
cuatro raíces de una raza nueva.

Yo esperaba suspensa el aletazo
del abrazo magnífico...

                              Y cuando
te abrí los ojos como un alma, vi
¡que te hacías atrás y te envolvías
en yo no sé qué pliegue inmenso de la sombra!

OTRA ESTIRPE

Eros, yo quiero guiarte, Padre ciego...
pido a tus manos todopoderosas
¡su cuerpo excelso derramado en fuego
sobre mi cuerpo desmayado en rosas!

La eléctrica corola que hoy despliego
brinda el nectario de un jardín de Esposas;
para sus buitres en mi carne entrego
todo un enjambre de palomas rosas.

Da a las dos sierpes de su abrazo, crueles,
mi gran tallo febril... Absintio, mieles,
viérteme de sus venas, de su boca...

¡Así tendida, soy un surco ardiente

138

donde puede nutrirse la simiente
de otra Estirpe sublimemente loca!

LO INEFABLE

Yo muero extrañamente... No me mata la Vida,
no me mata la Muerte, no me mata el Amor;
muero de un pensamiento mudo como una
    herida...
¿No habéis sentido nunca el extraño dolor

de un pensamiento inmenso que se arraiga en la
    vida,
devorando alma y carne, y no alcanza a dar flor?
¿Nunca llevasteis dentro una estrella dormida
que os abrasaba enteros y no daba un fulgor?

¡Cumbre de los Martirios!... ¡Llevar eterna-
    mente,
desgarradora y árida, la trágica simiente
clavada en las entrañas como un diente feroz!...

Pero arrancarla un día en una flor que abriera
milagrosa, inviolable... ¡Ah, más grande no fuera
tener entre las manos la cabeza de Dios!

LA RUPTURA

Érase una cadena fuerte como un destino,

139

sacra como una vida, sensible como un alma;
la corté con un lirio y sigo mi camino
con la frialdad magnífica de la Muerte...
   Con calma
curiosidad mi espíritu se asoma a su laguna
interior, y el cristal de las aguas dormidas
refleja un dios o un monstruo, enmascarado en
una esfinge tenebrosa suspensa de otras vidas.

GABRIELA MISTRAL

[Vicuña, Chile, 6 de abril de 1889-Hempstead, Nueva York, 10 de enero de 1957]

Lucila Godoy Alcayaga —y así se llamaba nuestra "Gabriela Mistral"— nació en Vicuña, una aldea del valle de Elqui, donde su padre daba clases en una escuela rural. Aunque el señor Godoy abandonó la familia cuando Lucila tenía tres años, ésta continuó con tesón sus estudios y apenas cumplidos 15 años ya trabajaba de maestra rural.

"Fue durante el año 1907, a los 18 años de edad", nos cuenta Norberto Pinilla, "cuando conoció a Romelio Ureta, empleado en los ferrocarriles. El idilio se desarrolló con todas las alternativas del sentimiento. En un día de noviembre de 1909, Ureta, por salvar a un amigo, tomó dinero de la empresa a la que servía, creyendo que se lo devolvería con oportunidad. Desesperado ante el peligro de perder su honra, se quitó la vida." Y fue entonces cuando Lucila Godoy se transformó en Gabriela Mistral: profundamente conmovida por la tragedia escribe Sonetos de la muerte, *poesías sencillas, recargadas por avasalladora emoción. En los Juegos Florales de Santiago le otorgan el primer premio. Para aquel entonces Lucila había terminado sus estudios en la Escuela Normal de Serena y enseñaba en liceos.*

Su triunfo literario contribuyó a que le asignaran cargos directivos y cátedras. En 1922, José Vasconcelos, Secretario de Educación Pública, la invitó a

141

participar en la reforma de la enseñanza que se efectuaba entonces en México. De ahí en adelante el gobierno de Chile se aprovechó de su fama y talento para asignarle misiones culturales y representaciones diplomáticas en Europa y América. Lo que explica, en parte, los retrasos que sufrió la publicación de sus obras: de los Sonetos de la muerte (1915) a Desolación (1922) pasaron siete años. Después de Ternura (1924), con mucha demora, sale Tala (1938). Cuando aparece Lagar (1954) ya su genio había sido reconocido internacionalmente pues en 1945 le habían otorgado el Premio Nobel.

Sin embargo estos triunfos no mitigaron su sufrimiento de mujer estéril, de maternidad frustrada. Ella quería, más que nada, ser madre y al no poder, adoptó a un sobrinito, Yin Yin, quien al cumplir quince años se suicidó. Y fue aquella madre sin hijos la que compuso "las más bellas canciones de cuna que jamás se hayan escrito", al decir de Paul Valéry. Observa el gran poeta francés, además, que los escritores más famosos del mundo exaltaron, celebraron o invocaron la muerte, o divinizaron la pasión amorosa, pero que muy pocos meditaron, como Gabriela, en el acto trascendental: la producción de una criatura humana por otra criatura...

Tras penosos años de diabética, Gabriela murió en las cercanías de Nueva York, en el hospital de Hempstead, antes de cumplir 68 años. Como legado nos dejó una poética fuerte e intensa, en lengua vernácula, bien concentrada en la condición humana y embargada en el sentimiento trágico de la vida.

BALADA

Él pasó con otra;
yo le vi pasar.

Siempre dulce el viento
y el camino en paz.
¡Y estos ojos míseros
le vieron pasar!

Él va amando a otra
por la tierra en flor.
Ha abierto el espino;
pasa una canción.
¡Y él va amando a otra
por la tierra en flor!

Él besó a la otra
a orillas del mar;
resbaló en las olas
la luna de azahar.
¡Y no untó mi sangre
la extensión del mar!

Él irá con otra
por la eternidad.
Habrá cielos dulces.
(Dios quiere callar.)
¡Y él irá con otra
por la eternidad!

AUSENCIA

Se va de ti mi cuerpo gota a gota.
Se va mi cara en un óleo sordo;

143

se van mis manos en azogue suelto;
se van mis pies en dos tiempos de polvo.

¡Se te va todo, se nos va todo!

Se va mi voz, que te hacía campana
cerrada a cuanto no somos nosotros.
Se van mis gestos que se devanaban,
en lanzaderas, debajo tus ojos.
Y se te va la mirada que entrega,
cuando te mira, el enebro y el olmo.

Me voy de ti con tus mismos alientos:
como humedad de tu cuerpo evaporo.
Me voy de ti con vigilia y con sueño,
y en tu recuerdo más fiel ya me borro.
Y en tu memoria me vuelvo como esos
que no nacieron en llanos ni en sotos.

Sangre sería y me fuese en las palmas
de tu labor, y en tu boca de mosto.
Tu entraña fuese, y sería quemada
en marchas tuyas que nunca más oigo,
¡y en tu pasión que retumba en la noche
como demencia de mares solos!

¡Se nos va todo, se nos va todo!

LA ROSA

La riqueza del centro de la rosa
es la riqueza de tu corazón.

Desátala como ella:
su ceñidura es toda tu aflicción.

Desátala en un canto
o en un tremendo amor.
No defiendas la rosa:
¡te quemaría con el resplandor!

LA EXTRANJERA

"Habla con dejo de sus mares bárbaros,
con no sé qué algas y no sé qué arenas;
reza oración a dios sin bulto y peso,
envejecida como si muriera.
Ese huerto nuestro que nos hizo extraño,
ha puesto cactus y zarpadas hierbas.
Alienta del resuello del desierto
y ha amado con pasión de que blanquea,
que nunca cuenta y que si nos contase
sería como el mapa de otra estrella.
Vivirá entre nosotros ochenta años,
pero siempre será como si llega,
hablando lengua que jadea y gime
y que le entienden sólo bestezuelas.
Y va a morirse en medio de nosotros,
en una noche en la que más padezca,
con sólo su destino por almohada,
de una muerte callada y *extranjera*."

A LOS NIÑOS

Después de muchos años, cuando yo sea un montoncito de polvo callado, jugad conmigo, con la tierra de mi corazón y de mis huesos. Si me recoge un albañil, me pondrá en un ladrillo, y quedaré clavada para siempre en un muro, y yo odio los nichos quietos. Si me hacen ladrillo de cárcel, enrojeceré de vergüenza oyendo sollozar a un hombre; y si soy ladrillo de una escuela, padeceré también de no poder cantar con vosotros, en los amaneceres.

Mejor quiero ser el polvo con que jugáis en los caminos del campo. Oprimidme: he sido vuestra; deshacedme, porque os hice; pisadme, porque no os di toda la verdad y toda la belleza. O, simplemente, cantad y corred sobre mí, para besaros las plantas amadas...

Decid, cuando me tengáis en las manos, un verso hermoso y crepitaré de placer entre vuestros dedos. Me empinaré para miraros, buscando entre vosotros los ojos, los cabellos de los que enseñé.

Y cuando hagáis conmigo cualquier imagen, ¡rompedla a cada instante, que a cada instante me rompieron los niños de ternura y dolor!

EMIGRADA JUDÍA

Voy más lejos que el viento oeste
y el petrel de tempestad.
Paro, interrogo, camino

146

¡y no duermo por caminar!
Me rebanaron la Tierra,
sólo me han dejado el mar.

Se quedaron en la aldea
casa, costumbre, y dios lar.
Pasan tilos, carrizales
y el Rin que me enseñó a hablar.
No llevo al pecho las mentas
cuyo olor me haga llorar.
Tan sólo llevo mi aliento
y mi sangre y mi ansiedad.

Una soy a mis espaldas,
otra volteada al mar:
mi nuca hierve de adioses,
y mi pecho de ansiedad.

Ya el torrente de mi aldea
no da mi nombre al rodar
y en mi tierra y aire me borro
como huella en arenal.

A cada trecho de ruta
voy perdiendo mi caudal:
una oleada de resinas,
una torre, un robledal.
Suelta mi mano sus gestos
de hacer la sidra y el pan
y aventada mi memoria
¡llegaré desnuda al mar!

ALFONSINA STORNI

[Sala Capriasca, Suiza, 29 de mayo de 1892-Mar del
Plata, Argentina, 26 de octubre de 1938]

*Nacida en Suiza, de padres romanos, trajeron a Al-
fonsina a la Argentina antes de cumplir tres años. De
su niñez en San Juan, nos confiesa: "Crezco como un
animalito, sin vigilancia, bañándome en los canales
sanjuaninos, trepándome a los membrillares, durmien-
do con la cabeza entre pámpanos."*

*Al terminar su primaria y secundaria, estudió en
la escuela normal de Coronda, graduándose de maestra rural en 1911. Enseguida consiguió empleo en
una escuela elemental de Rosario, y en las revistas
locales (Mundo Rosarino y Monos y Monadas) van
apareciendo sus poemas con bastante regularidad.*

*No habría cumplido aún sus 19 años cuando se
enamoró locamente de un periodista, casado e intere-
sado en política (llegó a ser diputado), y de aquellas
relaciones nació el 21 de abril de 1912 Alejandro
Alfonso Storni. Para evitar el chismerío de una sociedad tan decente y virtuosa como la de Rosario,
Alfonsina renunció a su puesto de maestra y se tras-
ladó a Buenos Aires con su "fruto del amor sin ley".*

*En la capital argentina Alfonsina fue cajera en una
farmacia y luego en la tienda "A la Ciudad de México", y más tarde "corresponsal psicológica con redacción propia" en Freixas Hnos., una casa importadora
de aceites, donde escribe su primer libro — "un pésimo libro de versos. ¡Dios te libre, amigo, de La in-*

quietud del rosal! *Pero lo escribí para no morir"*. *Lo imprimió por su cuenta: 500 ejemplares por 500 pesos —quizás la única deuda que nunca pagó.* Pero por pésimo que fuese, se le abrieron muchas puertas y sus colaboraciones fueron apareciendo en Caras y Caretas. El Hogar, y Mundo Argentino, *Un "grupo de intelectuales"* le dedica un homenaje en el *Teatro Minerva,* y Giusti la invita a que participe en las reuniones del círculo literario de su revista, Nosotros. *"Desde aquella noche de mayo de 1916"*, nos dice Giusti, *"esa maestrita cordial, que todavía después de su primer libro de aprendiz, era una vaga promesa, una esperanza que se nos hacía necesaria en un tiempo en que las mujeres que escribían versos —muy pocas— pertenecían generalmente a la subliteratura, fue camarada honesta de nuestras tertulias, y poco a poco, insensiblemente, fue creciendo la estimación intelectual que teníamos por ella, hasta descubrir un día que nos hallábamos ante un auténtico poeta".*

Como la "maestrita" nunca había perdido su interés por el bienestar de los párvulos, escribe ahora un Canto a los niños *(1917)* que le gana el premio anual del *Consejo Nacional de Mujeres* e influye a que la nombren directora del colegio Marcos Paz. Tras El dulce daño *(1918)*, poemario muy elogiado por la crítica, Alfonsina confirma su prestigio y parece algo satisfecha con Irremediablemente *(1919): "Mi tercer libro de versos lo escribí en dos meses. Así salió: sus versos son como los panes que se sacan de un horno arrebatado. De vez en cuando se salva un panecillo que no está ni crudo ni quemado."* Aunque al año siguiente publica Languidez *(1920)* con la lúgubre dedicatoria: *"A los que como yo nunca realizaron uno solo de sus sueños",* en este poemario se encuentran panecillos menos crudos o quemados. Se trata de una obra intensa a la que le adjudican el primer premio municipal, y el segundo premio nacional: se agotó rápidamente y tuvo que imprimirse una segunda edi-

ción, cosa inusitada en aquellos tiempos. Pero a pesar del triunfo, Alfonsina sigue tan pobre como siempre y dos buenos amigos —Giusti y Villarroel, que son concejales— influyen en que se crée para ella una cátedra especial en el Teatro Infantil Lavardén. Más adelante, otro admirador, el ministro Sagarna, la nombra profesora de Lectura y Declamación en la Escuela Normal de Lenguas Vivas. Finalmente obtiene una cátedra en el Conservatorio de Música y Declamación.

Han pasado cinco años de Languidez (1920) a Ocre (1925) y se vislumbra ahora cierta serenidad (¿o amarga resignación?). Como tan acertadamente R. de Diego declaró: "La mujer que ahora nos dice en sonetos sencillos y un tanto graves, como palabras de confesión íntima, sus tristezas y sus ansiedades, nacidas más allá del desengaño, ha vivido mucho, tanto que por momentos no sólo nos emociona su ternura maternal, sino esa dulce comprensión sabia en la que palpita el perdón más sincero." Pasarán nueve años hasta la publicación de Mundo de siete pozos (1934), donde se atisba una nueva realidad: la vida en la metrópoli, que parece imponer una nueva estética en su escritura. Su obra final, Mascarilla y trébol (1938) raya en lo verdaderamente hermético.

En el verano de 1935 Alfonsina se había descubierto un tumor en el pecho. Una operación reveló el resto: cáncer. Y su vida se ensombrece aún más, tras los suicidios de dos amigos predilectos: el de Horacio Quiroga en 1937, y el de Leopoldo Lugones en 1938. Ahora le toca a ella, cuando el 25 de octubre de 1938 se arroja al mar en la playa de Mar del Plata. El periódico local da la noticia: "Sobre la playa La Perla apareció esta mañana el cadáver de una mujer como de cincuenta años, de cabellos blancos, muy menuda y pobremente vestida. Recogida por marineros de la subprefectura, el cadáver fue conducido a la morgue del hospital para su reconocimiento, pues no llevaba encima documento alguno." Días antes Alfonsina ha-

bía escrito un magnífico soneto de despedida, "Voy a dormir", que remitió a La Nación *de* Buenos Aires *y sirvió de necrología.*

¿Y TÚ?

Sí, yo me muevo, vivo, me equivoco;
agua que corre y se entremezcla, siento
el vértigo feroz del movimiento:
huelo las selvas, tierra nueva toco.

Sí, yo me muevo; voy buscando acaso
soles, aurora, tempestad y olvido.
¿Qué haces allí misérrimo y pulido?
Eres la piedra a cuyo lado paso.

HOMBRE PEQUEÑITO

Hombre pequeñito, hombre pequeñito,
suelta a tu canario que quiere volar...
Yo soy el canario, hombre pequeñito,
déjame saltar.

Estuve en tu jaula, hombre pequeñito,
hombre pequeñito que jaula me das.
Digo pequeñito porque no me entiendes,
ni me entenderás.

Tampoco te entiendo, pero mientras tanto

ábreme la jaula, que quiero escapar;
hombre pequeñito, te amé media hora,
no me pidas más.

LA LOBA

Yo soy como la loba.
Quebré con el rebaño
y me fui a la montaña
fatigada del llano.

Yo tengo un hijo fruto del amor, de amor sin ley,
que yo no pude ser como las otras, casta de buey
con yugo al cuello; ¡libre se eleve mi cabeza!
Yo quiero con mis manos apartar la maleza...

Yo soy como la loba. Ando sola y me río
del rebaño. El sustento me lo gano y es mío
donde quiera que sea, que yo tengo una mano
que sabe trabajar y un cerebro que es sano.

La que pueda seguirme que se venga conmigo.
Pero yo estoy de pie, de frente al enemigo,
la vida, y no temo su arrebato fatal
porque tengo en la mano siempre pronto un
    puñal.

El hijo y después yo y después... ¡lo que sea!
Aquello que me llame más pronto a la pelea.

152

A veces la ilusión de un capullo de amor
que yo sé malograr antes que se haga flor.

Yo soy como la loba.
Quebré con el rebaño
y me fui a la montaña
fatigada del llano.

OLVIDO

Lidia Rosa: hoy es martes y hace frío. En tu casa,
de piedra gris, tú duermes tu sueño en un costado
de la ciudad. ¿Aún guardas tu pecho enamorado,
ya que de amor moriste? Te diré lo que pasa:

El hombre que adorabas, de grises ojos crueles,
en la tarde de otoño fuma su cigarrillo,
detrás de los cristales mira el cielo amarillo
y la calle en que vuelan desteñidos papeles.

Toma un libro, se acerca a la apagada estufa,
en el tomacorriente al sentarse la enchufa
y sólo se oye un ruido de papel desgarrado.

Las cinco, tú caías a esta hora en su pecho,
y acaso te recuerda... Pero su blanco lecho
ya tiene el hueco tibio de otro cuerpo rosado.

Baudelaire: yo me acuerdo de tus Flores del mal
en que hablas de una horrible y perversa judía
acaso como el cuerpo de las serpientes fría,
en lágrimas indocta, y en el daño genial.

Pero a su lado no eras tan pobre, Baudelaire:
de sus formas veniddas, y de su cabellera
y de sus ondulantes caricias de pantera,
hombre al cabo, lograbas un poco de placer.

Pero yo, femenina, Baudelaire, ¿qué me hago
de este hombre calmo y prieto como un gélido
    lago,
oscuro de ambiciones y ebrio de vanidad,

en cuyo enjuto pecho salino no han podido
ni mi cálido aliento, ni mi beso rendido,
hacer brotar un poco de generosidad?

TÚ ME QUIERES BLANCA

Tú me quieres alba;
me quieres de espumas;
me quieres de nácar.
Que sea azucena,
sobre todas, casta.
De perfume tenue.
Corola cerrada.

Ni un rayo de luna
filtrado me haya
ni una margarita
se diga mi hermana;
tú me quieres blanca;
tú me quieres nívea;
tú me quieres casta.

Tú, que hubiste todas
las copas a mano,
de frutos y mieles
los labios morados.
Tú, que en el banquete,
cubierto de pámpanos,
dejaste las carnes
festejando a Baco.
Tú, que en los jardines
negros del engaño,
vestido de rojo,
corriste al Estrago.

Tú, que el esqueleto
conservas intacto,
no sé todavía
por cuáles milagros
(Dios te lo perdone),
me pretendes casta
(Dios te lo perdone),
me pretendes alba.
Huye hacia los bosques;

vete a la montaña;
límpiate la boca;
vive en las cabañas;
toca con las manos
la tierra mojada;
alimenta el cuerpo
con raíz amarga;
bebe de las rocas;
duerme sobre escarcha;
renueva tejidos
con salitre y agua;
habla con los pájaros
y lévate al alba.

Y cuando las carnes
te sean tornadas,
y cuando hayas puesto
en ellas el alma,
que por las alcobas
se quedó enredada,
entonces, buen hombre,
preténdeme blanca,
preténdeme nívea,
preténdeme casta.

LA QUE COMPRENDE

Con la cabeza negra caída hacia adelante
está la mujer bella, la de mediana edad,

156

postrada de rodillas, y un Cristo agonizante
desde su duro leño la mira con piedad.

En los ojos la carga de una enorme tristeza,
en el seno la carga del hijo por nacer,
al pie del blanco Cristo que está sangrando reza:
—¡Señor, el hijo mío que no nazca mujer!

PESO ANCESTRAL

Tú me dijiste: no lloró mi padre;
tú me dijiste: no lloró mi abuelo;
no han llorado los hombres de mi raza,
eran de acero.

Así diciendo te brotó una lágrima
y me cayó en la boca ... más veneno.
Yo no he bebido nunca en otro vaso
así pequeño.

Débil mujer, pobre mujer que entiende,
dolor de siglos conocí al beberlo:
Oh, el alma mía soportar no puede
todo su peso.

PUDIERA SER

Pudiera ser que todo lo que en verso he sentido
no fuera más que aquello que nunca pudo ser,

no fuera más que algo vedado y reprimido
de familia en familia, de mujer en mujer.

Dicen que en los solares de mi gente medido
estaba todo aquello que se debía hacer...
Dicen que silenciosas las mujeres han sido
de mi casa materna... ¡Ah!, bien pudiera ser...

A veces en mi madre apuntaron antojos
de liberarse, pero se le subió a los ojos
una honda amargura, y en la sombra lloró.

Y todo esto mordiente, vendido, mutilado,
todo esto que se hallaba en su alma encerrado,
pienso que, sin quererlo, lo he libertado yo.

DOLOR

Quisiera esta tarde divina de octubre
pasear por la orilla lejana del mar;

que la arena de oro y las aguas verdes
y los cielos puros me vieran pasar.

Ser alta, soberbia, perfecta, quisiera,
como una romana, para concordar

con las grandes olas, y las rocas muertas
y las anchas playas que ciñen el mar.

158

Con el paso lento y los ojos fríos
y la boca muda dejarme llevar;

ver cómo se rompen las olas azules
contra los granitos, y no parpadear;

ver cómo las aves rapaces se comen
los peces pequeños, y no suspirar;

pensar que pudieran las frágiles barcas
hundirse en las aguas, y no despertar;

ver que se adelanta, la garganta libre,
el hombre más bello; no desear amar...;

perder la mirada, distraídamente,
perderla y que nunca la vuelva a encontrar;

y, figura erguida, entre cielo y playa,
sentirme el olvido perenne del mar.

VOY A DORMIR

Dientes de flores, cofia de rocío,
manos de hierbas, tú, nodriza fina,
tenme prestas las sábanas terrosas
y el edredón de musgos escardados.

Voy a dormir, nodriza mía, acuéstame.
Ponme una lámpara a la cabecera;

una constelación; la que te guste;
todas son buenas; bájala un poquito.

Déjame sola: oyes romper los brotes. . .
te acuna un pie celeste desde arriba
y un pájaro te traza unos compases

para que olvides. . . Gracias. Ah, un encargo:
si él llama nuevamente por teléfono
le dices que no insista, que he salido. . .

JUANA DE IBARBOUROU

[Melo, Uruguay, 8 de marzo de 1895-Montevideo, 15 de julio de 1979]

Nació Juana en Melo, un pueblo a orillas del Tacuarí. Su padre, Vicente Gómez, era gallego; su madre, Valentina Fernández, uruguaya. Su educación formal se limitó a lo que ofrecía la escuelita de monjas —lo demás lo aprendió correteando por el campo, escuchando las canciones del pueblo, y en casa, las recitaciones de su padre quien, como buen gallego, se sabía de memoria muchísimos versos de su paisana Rosalía de Castro. No pasó mucho tiempo antes de que Juana se pusiera a componer versos... al cumplir catorce años ya se dio el gusto de leer un soneto suyo, "El cordero", en la prestigiosa revista Atlántida. *Y cinco años más tarde, esposa del capitán Lucas Ibarbourou, Juanita Gómez se convierte en Juana de Ibarbourou, firmando con ese nombre una serie de poemarios:* Las lenguas de diamante *(1919),* El cántaro fresco *(1920),* Raíz salvaje *(1922)..., que da un nuevo giro a la lírica hispanoamericana. La poesía sencilla, directa y jubilosa de Juana es como una renuncia total de la alambicada retórica del Modernismo. Se agotan rápidamente ediciones de sus poemarios y muy pronto la gente se refiere a ella como "Juana de América".*

Tras la muerte de su padre (1930) y de su marido (1942), el tono que impuso a su poética fue el religioso.

161

¡MUJER!

Si yo fuera hombre, ¡qué hartazgo de luna,
de sombra y silencio me había de dar!
¡Cómo, noche a noche, solo ambularía
por los campos quietos y por frente al mar!

Si yo fuera hombre, ¡qué extraño, qué loco,
tenaz vagabundo que había de ser!
¡Amigo de todos los largos caminos
que invitan a ir lejos para no volver!

Cuando así me acosan ansias andariegas
¡qué pena tan honda me da ser mujer!

REBELDE

Caronte: yo seré un escándalo en tu barca.
Mientras las otras sombras recen, giman, o lloren,
y bajo tus miradas de siniestro patriarca
las tímidas y tristes, en bajo acento, oren,

yo iré como una alondra cantando por el río
y llevaré a tu barca mi perfume salvaje,
e irradiaré en las ondas del arroyo sombrío
como una azul linterna que alumbrara en el viaje.

Por más que tú no quieras, por más guiños
    siniestros,

162

que me hagan tus dos ojos, en el terror maestros,
Caronte, yo en tu barca seré como un escándalo.

Y extenuada de sombra, de valor y de frío,
cuando quieras dejarme a la orilla del río
me bajarán tus brazos cual conquista de vándalo.

LA INQUIETUD FUGAZ

He mordido manzanas y he besado tus labios.
Me he abrazado a los pinos olorosos y negros.
Hundí, inquieta, mis manos en el agua que corre.
He huroneado en la selva milenaria de cedros
que cruza la pradera como una sierpe grave,
y he corrido por todos los pedrosos caminos
que ciñen como fajas la ventruda montaña.

¡Oh amado, no te irrites por mi inquietud sin
    tregua!
¡Oh amado, no me riñas porque cante y me ría!
Ha de llegar un día en que he de estarme quieta,
¡ay, por siempre, por siempre!,
con las manos cruzadas y apagados los ojos,
con los oídos sordos y con la boca muda,
y los pies andariegos en reposo perpetuo
sobre la tierra negra.
Y estará roto el vaso de cristal de mi risa
en la grieta obstinada de mis labios cerrados.

Entonces, aunque digas: —¡Anda!, ya no andaré.
Y aunque me digas: —¡Canta!, no volveré a
   cantar.
Me iré desmenuzando en quietud y en silencio
bajo la tierra negra,
mientras encima mío se oirá zumbar la vida
como una abeja ebria.

¡Oh, déjame que guste el dulzor del momento
fugitivo e inquieto!

¡Oh, deja que la rosa desnuda de mi boca
se te oprima a los labios!

Después será cenizas bajo la tierra negra.

ÁNGELA FIGUERA AYMERICH

[Bilbao, España, 1902-Madrid, 2 de abril de 1984]

Nació Ángela Figuera Aymerich en Bilbao y en esa ciudad vascongada pasó los primeros 27 años de su existencia. "Junto al ruidoso tráfico de la ría, casi en el muelle. Barcos, grúas, tren de Portugalete, el monte Archanda al fondo. Cuando había temporal llegaban hasta mi calle, desde el mar, las gaviotas. Durante el verano, íbamos nosotros hasta el mar... Y leer. Leí sin tregua..." Y no es extraño que al descubrir a Juan Ramón Jiménez y a García Lorca se pusiera a escribir versos.

Ángela estudió el bachillerato en Bilbao. Su grupo incluía a "cinco señoritas entre cien muchachos. Así era en aquellos tiempos". Después estudió Filosofía y Letras en Valladolid, licenciándose en 1930 en Madrid, adonde se había instalado tras el fallecimiento de su padre. Durante una temporada desempeñó la cátedra de Lengua Española y Literatura en Huelva y Alcoy. En 1934 se casó y tuvo un hijo en 1936.

Su primer libro, Mujer de barro, *en que poetiza su amor al marido y a su hijo, tuvo que esperar hasta 1948. Le sigue luego* Soria pura *(1949), "paisaje filtrado por mi objetividad", con el cual logra el premio Verbo. Pero es con* Vencido por el ángel *(1950), cuando amplía su visión poética, fijándose entonces en "un mundo malherido y difícil", temática que cultivará de ahí en adelante en* Los días duros *(1951),* El grito inútil *(1952) y* Víspera de la vida *(1953).*

Durante la guerra civil la voz de Ángela Figuera repercute clara y contundente contra Franco y sus secuaces falangistas en un apasionante poemario titulado Belleza cruel *(1958) y que se vio obligada a publicar en México. En el prólogo León Felipe ubica a su autora entre los poetas descollantes de la lírica contemporánea. Veinte años más tarde* Belleza cruel *se reimprimió en España y se lee hoy como uno de los documentos más conmovedores de la tragedia española. Nos place reproducir ahora algunos poemas de dicha obra. Su última obra fue* Toco la tierra *(1962). La editorial de Afrodisio Aguado ha recogido la obra completa de Ángela Figuera en los dos tomos de* Antología total *(1978, 2ª edición).*

MUJERES DEL MERCADO

Son de cal y salmuera. Viejas ya desde siempre.
Armadura oxidada con relleno de escombros.
Tienen duros los ojos como fría cellisca.
Los cabellos marchitos como hierba pisada
y un vinagre maligno les recorre las venas.

Van temprano a la compra. Huronean los puestos.
Casi escarban. Eligen los tomates chafados.
Las naranjas mohosas. Maceradas verduras
que ya huelen a estiércol. Compran sangre cocida
en cilindros oscuros como quesos de lodo
y esos bofes que muestran, sonrosados y túmidos,
una obscena apariencia.

Al pagar, un suspiro les separa los labios
explorando morosas en el vientre mugriento
de un enorme y raído monedero sin asas
con un miedo feroz a topar de improviso
en su fondo la última cochambrosa moneda.

Siempre llevan un niño todo greñas y mocos
que les cuelga y arrastra de la falda pringosa
chupeteando una monda de manzana o de
    plátano.
Lo manejan a gritos, a empellones. Se alejan
maltratando el esparto de la sucia alpargata.

Van a un patio con moscas. Con chiquillos y
    perros.
Con vecinas que riñen. A un fogón pestilente.
A un barreño de ropa por lavar. A un marido
con olor a aguardiente, a sudor y a colilla.

Que mastica en silencio. Que blasfema y escupe.
Que tal vez por la noche en la fétida alcoba,
sin caricias ni halagos, con brutal impaciencia
de animal instintivo, les castigue la entraña
con el peso agobiante de otro mísero fruto.
Otro largo cansancio.

¡Oh, no! Yo no pretendo pedir explicaciones.
Pero hay cielos tan puros. Existe la belleza.

Madres del Hombre, úteros fecundos,
hornos de Dios donde se cristaliza
el humus vivo en ordenados moldes.

Para vosotras, madres, no fue sólo
amor un ramalazo por los nervios,
un éxtasis fugaz, una delicia
derretida en olvido.
No fue tan sólo un cuerpo contra otro,
un labio contra otro, una frenética
soldadura de sangres.

Madres del Hombre, dulces, descuidadas
del ojo circular de la serpiente
que irónico se abrió sobre la curva
suave y rosada de Eva sin vestido
con el sapiente fruto entre las manos.

Sólo un escorzo de alas arcangélicas
pone, blanco y azul, en vuestros ojos
el resplandor de las anunciaciones.

Sólo un tesón humilde, una gozosa
dedicación os rige las entrañas
en esos largos días de la espera.

Gloria y dolor en el instante último
con una tibia flor recién abierta,

tan íntima, tan próxima, latiendo
junto a la propia fatigada carne.
Y luego, ¿qué? Cumplisteis la tarea.
El hijo terminado se levanta
en fuerza y hermosura sobre el suelo.
Desde las piernas de trenzados músculos
a esa palmera débil que desfleca
el viento sombreándole las sienes,
todo es hechura vuestra, logro vuestro.

Y luego, ¿qué? ¿Qué veis por los caminos
de la tierra en tormenta?
¿A dónde irán los pies que golpearon
la cárcel sin hendir de vuestro vientre?
¿Qué histéricas ciudades, qué paredes
de leproso cemento
lo encerrarán? ¿Qué campos abonados
con aceros y pólvoras
verán crecer la espiga suficiente
al hambre de su boca sin pecado?
¿Qué obsceno sol hará su mediodía?
¿Qué luna sin jazmín y sin ensueño
será gracia y belleza de sus noches?
¿Qué ancho glaciar de fórmulas sin música
lo apresará en su bárbara corriente?
¿Qué implacable mecánica
triturará sus nervios?
¿Qué monstruosa química, qué fiebre
le robarán el rojo de la sangre?

¿Qué plomo, qué aspereza de herramienta
le romperá los músculos?
¿Qué mísera moneda
mancillará sus manos?
¿Qué rabias, qué codicias, qué rencores
harán brotar espinas de sus ojos?
¿Qué muerte apresurada, sin dulzura,
lo pudrirá voraz, en cualquier parte?

Madres del mundo, tristes paridoras,
gemid, clamad, aullad por vuestros frutos.

DESTINO

Vaso me hiciste, hermético alfarero,
y diste a mi oquedad las dimensiones
que sirven a la alquimia de la carne.
Vaso me hiciste, recipiente vivo
para la forma un día diseñada
por el secreto ritmo de tus manos.

Hágase en mí, repuse. Y te bendije
con labios obedientes al Destino.

¿Por qué, después, me robas y defraudas

Libre el varón camina por los días.
Sus recias piernas nunca soportaron
esa tremenda gravidez del fruto.
Liso y escueto entre ágiles caderas

170

su vientre no conoce pesadumbre.
Sólo un instante, furia y goce, olvida
por mí su altiva soledad de macho.
Libérase a sí mismo y me encadena
al áspero servicio de la especie.
Cuán hondamente exprimo, laborando
con células y fibras, con mis órganos
más íntimos, vitales dulcedumbres
de mi profundo ser, día tras día.

Hácese el hijo en mí. ¿Y han de llamarlo
hijo del Hombre cuando, fieramente,
con decisiva urgencia me desgarra
para moverse vivo entre las cosas?
Mío es el hijo en mí y en él me aumento.
Su corazón prosigue mi latido.
Saben a mí sus lágrimas primeras.
Y esa humedad caliente que lo envuelve
es la temperatura de mi entraña.

¿Por qué, Señor, me lo arrebatas luego?
¿Por qué me crece ajeno, desprendido
como amputado miembro, como rama
desconectada del nutricio tronco?

En vano mi ternura lo persigue
queriéndolo ablandar, disminuyéndolo.
Alto se yergue. Duro se condensa.
Su frente sobrepasa mi estatura
y ese pulido azul de sus pupilas

que en rincón de mí cuajó su brillo
me mira desde lejos, olvidando.

Apenas si las yemas de mis dedos
aciertan a seguir por sus mejillas
aquella suave curva que, al beberme,
formaba con la curva de mis senos
dulcísima tangencia.

BELLEZA CRUEL

Dadme un espeso corazón de barro,
dadme unos ojos de diamante enjuto,
boca de amianto, congeladas venas,
duras espaldas que acaricie el aire.
Quiero dormir a gusto cada noche.
Quiero cantar a estilo de jilguero.
Quiero vivir y amar sin que me pese
este saber y oír y darme cuenta;
este mirar a diario de hito en hito
todo el revés atroz de la medalla.
Quiero reír al sol sin que me asombre
este existir de balde, sobreviva,
con tanta muerte suelta por las calles.

Quiero cruzar alegre entre la gente
sin que me cause miedo la mirada
de los que labran tierra golpe a golpe,

172

de los que roen tiempo palmo a palmo,
de los que llenan pozos gota a gota.

Porque es lo cierto que me da vergüenza,
que se me para el pulso y la sonrisa
cuando contemplo el rostro y el vestido
de tantos hombres con el miedo al hombro,
de tantos hombres con el hambre a cuestas,
de tantas frentes con la piel quemada
por la escondida rabia de la sangre.

Porque es lo cierto que me asusta verme
las manos limpias persiguiendo a tontas
mis mariposas de papel o versos.
Porque es lo cierto que empecé cantando
para poner a salvo mis juguetes,
pero ahora estoy aquí mordiendo el polvo,
y me confieso y pido a los que pasan
que me perdonen pronto tantas cosas.
Que me perdonen esta miel tan dulce
sobre los labios, y el silencio noble
de mis almohadas, y mi Dios tan fácil
y este llorar con arte y preceptiva
penas de quita y pon prefabricadas.

Que me perdonen todos este lujo,
este tremendo lujo de ir hallando
tanta belleza en tierra, mar y cielo,
tanta belleza devorada a solas,
tanta belleza cruel, tanta belleza.

Soy madre de los muertos,
de los que matan madre.

CARMEN CONDE

Lo supe siempre. Al percibir la vida
doblárseme en el seno, al golpearme
un pulso repetido por las venas,
lo supe: concebía hacia la muerte.
El Otro, aquel que hallé en el Paraíso,
aquel a quien fui dada el primer día,
dormía en paz ceñido a mi costado.
Ajeno a mi pasión no interpretaba
mi vientre henchido ni mi paso lento,
ni preguntó jamás por qué mis ojos
incrementaban su terror oscuro
bajo la luz de sucesivos soles.

Dos veces fui llenada de misterio.
Caín crujía en mí. Me trituraba.
Con su sabor agriaba mi saliva.
Abel me fue muy dulce. Como el zumo
de los maduros higos en verano,
se diluía en mí, sabía suave.
Jamás dobló su peso mis rodillas.

Los vi nacer. Menudos, desarmados.
Pero en su carne yo leía: muerte.

Los vi crecer unidos. Madurarse.
Pero en sus ojos yo leía: crimen.

Los vi llegar al borde de la sima,
al límite del rayo y la tragedia.
Y, desde el fondo de mi sexo en ascuas,
clamaba a Dios, clamaba sin remedio:
¿No son hermanos, dí, no son hermanos,
hechos de mí los dos hasta las uñas?

Caín y Abel, los dos un solo fruto,
colgándome del pecho, una caricia
idéntica al tocarles el cabello.
Los dos una cuchilla en mi garganta,
clavándose y doliendo día y noche.
Doliéndome la impávida belleza
de Abel, su rubia gracia conseguida.
Entre las mansas bestias, él, mansísimo.

Doliéndome Caín, aprisionado
entre cortezas ásperas, curtiendo
la mano destinada para el golpe.
Si yo hubiera podido revertirlos
de nuevo a mí. Fundirlos. Confundirlos.
¿Por qué, Señor, los quieres desiguales;
distintos en tu herencia y en tu gracia?
Yo los haría en mí. Yo los daría
de nuevo a luz. Caín tendría entonces
el alma azul, los ojos inocentes
de Abel apacentando sus corderos.

Abel ofrecería sacrificios
con manos de Caín sucias de tierra
y una ligera sombra de pecado
haría más humana su sonrisa.

Mas nada pude hacer. Surgió la muerte.
Clamé hacia Dios. Clamé. Pero fue en vano.
Caín y Abel parí. Parí la GUERRA.

BALANCE

Es hora de echar cuentas. Retiraos.
Dejad ese bullicio del paseo,
la mesa del café, la santa misa,
y el bello editorial de los periódicos.
Entrad en vuestra alcoba. Echad la llave.
Quitaos la corbata y la careta,
iluminad el fondo del espejo,
guardad el corazón en la mesilla,
abríos las pupilas y el costado.
Poneos a echar cuentas, hijos míos.

Tú, invicto general de espuela y puro,
echa tus cuentas bien, echa tus cuentas.
Toma tus muertos uno a uno, ciento
a ciento, mil a mil, cárgalos todos
sobre tus hombros y desfila al paso
delante de sus madres.

Y tú, ministro, gran collar, gran banda
de tal y cual, revisa, echa tus cuentas.
Saca tu amada patria del bolsillo
como un pañuelo sucio sin esquinas.
Extiéndelo y sonríe a los fotógrafos.

Y tú, vientre redondo, diente astuto,
devorador del oro y de la plata,
señor de las finanzas siderales,
echa tus cuentas bien, echa tus cuentas,
púrgate el intestino de guarismos
y sal si puedes que te dé la lluvia.

Tú, gordo y patriarcal terrateniente
esquilador de ovejas y labriegos.
Tú, cómitre del tajo y la galera,
azuzador de brazos productivos.
Tú, araña del negocio. Tú, pirata
del mostrador. Y tú, ganzúa ilustre
de altos empleos, ávida ventosa
sobre la piel más débil, echa cuentas,
medita y examínate las uñas.

Y tú, señora mía y de tu casa,
asidua del sermón y la película,
tú, probo juez de veinte años y un día,
tú, activo funcionario de once a doce,
y tú, muchacha linda en el paseo;
tú, chico de familia distinguida
que estudias con los Padres y no pecas.

Y tú, poeta lírico y estético,
gran bebedor de vino y plenilunios,
incubador de huevos de abubilla
en los escaparates fluorescentes,
sumad, restad, haced vuestro balance,
no os coja el inventario de sorpresa.

Tú no, pueblo de España escarnecido,
clamor amordazado, espalda rota,
sudor barato, despreciada sangre,
tú no eches cuentas, tienes muchas cifras
de saldo a tu favor. Allá en tu día,
perdónanos a todos nuestras deudas,
perdónanos a todos en tu nombre
y hágase al fin tu voluntad
así en España
como en el cielo.

ETCÉTERA

El padre trabajaba en la mina.
La madre trabajaba por las casas.
El chico andaba por la calle
aprendiendo buena conducta.

Al filo de la noche los tres juntos
alrededor del jarro y de la sopa.
El padre en su legítimo derecho,
tomaba para sí la mejor parte.

178

La madre daba al chico de lo suyo.
El chico lo sorbía y terminaba
pidiendo chocolate o mandarinas.
El padre le pegaba cuatro gritos
(siempre bebía al fin más de la cuenta)
y luego echaba pestes del gobierno
y luego se acostaba con las botas.
El chico se dormía sobre el codo.
La madre lo acostaba a pescozones
y luego abría el grifo y renegaba,
qué vida, Dios, fregando los cacharros,
y luego echaba pestes del marido
y luego le lavaba la camisa
y luego se acostaba como es justo.

Muy de mañana al día siguiente
el padre bajaba a los pozos,
la madre subía a las casas,
el chico salía a la calle.
Etcétera, etcétera, etcétera.

(No sé por qué empecé a contarlo.
Es una historia fastidiosa
y todos saben cómo acaba.)

Pido la paz y la palabra.

BLAS DE OTERO

Prepárame una cuna de madera inocente
y pon bandera blanca sobre su cabecera.

Voy a nacer. Y, desde ti, mi madre,
pido la paz y pido la palabra.

Pido una tierra sin metralla, enjuta
de llanto y sangre, limpia de cenizas,
libre de escombros. Saneada tierra
para sembrar a pulso la simiente
que tengo entre mis dedos apretada.

Pido la paz y la palabra. Pido
un aire sosegado, un cielo dulce,
un mar alegre, un mapa sin fronteras,
una argamasa de sudor caliente
sobre las cicatrices y fisuras.

Pido la paz y pido a mis hermanos
los hijos de mujer por todo el mundo
que escuchen esta voz y se apresuren.
Que se levanten al rayar el día
y vayan al más próximo arroyuelo.
Laven allí sus manos y su boca,
se quiten los gusanos de las uñas,

180

saquen su corazón que le dé el aire,
expurguen sus cabellos de serpientes
y apaguen la codicia de sus ojos.

Después, que vengan a nacer conmigo.
Haremos entre todos cuenta nueva.
Quiero vivir. Lo exijo por derecho.
Pido la paz y entrego la esperanza.

JULIA DE BURGOS

[Carolina, Puerto Rico, 1914-Nueva York, 1958]

*Hija de campesinos, Julia nació en la Carolina y pasó
en el campo su niñez y adolescencia, sin recibir ade-
cuada educación formal. Su compatriota Rosario Fe-
rré nos dice: "Desde su juventud tuvo una vida apasionada y controversial, que se debió en parte a su
belleza y a su talento, y a la envidia que suscitaba en
muchos por haberse atrevido a dedicarse a la vocación
de escritora, siendo mujer, pobre, hermosa y para
colmo, trigueña. La verticalidad con que asumió su
compromiso político con la lucha por la independencia
de su país contribuyó a que se la atacara abiertamente
y a que a menudo se le cerraran las puertas al nivel
profesional."*

*Lo más notable de su obra se concentra en la de-
fensa de la clase trabajadora y en la emancipación
feminista. Tras una angustiosa serie de episodios amorosos, su vida termina en una acera de la Quinta Ave-
nida, en Nueva York, víctima del alcoholismo. Nos
dejó unos pocos libros que además de servir de base
para una poética nacionalista perfilan una personalidad fuera de lo común, de voz auténtica:* Poema en
veinte surcos *(1938),* Canción de la verdad sencilla
(1939) y El mar, *publicado póstumamente en 1954
—todos ellos recogidos en el tomo* Obra poética.

182

Ya las gentes murmuran que yo soy tu enemiga
porque dicen que en verso doy al mundo tu yo.
Mienten, Julia de Burgos. Mienten, Julia de
  Burgos.
La que se alza en mis versos no es tu voz: es mi
  voz;
porque tú eres el ropaje y la esencia soy yo;
y el más profundo abismo se tiende entre las dos.

Tú eres fría muñeca de mentira social,
y yo, viril destello de la humana verdad.

Tú, miel de cortesanas hipocresías; yo no;
que en todos mis poemas desnudo el corazón.

Tú eres como tu mundo, egoísta; yo no;
que todo me lo juego a ser lo que soy yo.

Tú eres sólo la grave señora señorona;
yo no; yo soy la vida, la fuerza, la mujer.

Tú eres de tu marido, de tu amo; yo no;
yo de nadie, o de todos, porque a todos, a todos,
en mi limpio sentir y en mi pensar me doy.

Tú te rizas el pelo y te pintas; yo no;
a mí me riza el viento; a mí me pinta el sol.

Tú eres dama casera, resignada, sumisa,
atada a los prejuicios de los hombres; yo no;
que yo soy Rocinante corriendo desbocado
olfateando horizontes de justicia de Dios.

Tú en ti misma no mandas; a ti todos te mandan;
en ti mandan tu esposo, tus padres, tus parientes,
el cura, la modista, el teatro, el casino,
el auto, las alhajas, el banquete, el champán,
el cielo y el infierno y el qué dirán social.

En mí no, que en mí manda mi solo corazón,
mi solo pensamiento; quien manda en mí soy yo.

Tú flor de aristocracia; y yo la flor del pueblo.
Tú en ti lo tienes todo y a todos se lo debes,
mientras que yo, mi nada a nadie se la debo.

Tú clavada al estático dividendo ancestral,
y yo, un uno en la cifra del divisor social,
somos el duelo a muerte que se acerca fatal.

Cuando las multitudes corran alborotadas
dejando atrás cenizas de injusticias quemadas,
y cuando con la tea de las siete virtudes,
tras los siete pecados, corran las multitudes,
contra ti y contra todo lo injusto y lo inhumano,
yo iré en medio de ellas con la tea en la mano.

(Se agita inhumano,
amenazando turbar la fertilidad alba del instante.
aquel triste pasado que caminé a ciegas
por las playas oscuras del mundo.)

Eso dice la boca de los vientos que soplan hacia
   atrás.
Eso dicen las almas pegadas a sus cuerpos sin
   alas extendidas.
Eso dice la gente que confunde la piedra con el
   terrón azul del firmamento.

De pie por mi conciencia,
me detengo a pensar en el eco que ruge su ladri-
   do a mis pies.
No me espantan sus rosas mustias sobre mi seda.
No me azotan los últimos esfuerzos de los vientos
   cansados.
No me hiere el dolor de mis caídas,
asombradas de la ruindad del hombre;
altas como horizontes me crecen en el alma
cual espejos de una etapa desierta
que fertilizo ahora con mi actitud consciente de
   bondad.

Allí donde sólo creció la locura del niño,
donde los caminos se empaparon de mis ingenuos
   desvíos,

y mis lágrimas despavoridas se bajaron a reco-
rrer la pena,
se trueca hoy la amargura en derrotero santo.
Las orillas vigiladas de espinas
que atajaron mis pasos hacia senderos infinitos
de luz,
se deshacen hoy ante las pulsaciones arrollado-
ras de mi espíritu,
que vuela sobre una lluvia de transparente claridad.

El polvo donde dejé pedacitos de mi alma
en sangre de sueños abandonados
se levanta del duelo ingrávido
y en las olas frescas de emoción y de alas,
se vuelve a mi presencia...
Aquellas últimas heridas que recibí en la mano
abierta sin maldad a la caricia loca de los vientos
mundanos
que cruzaban el tiempo,
me sonríen ahora desde mi fondo blanco
más adentro del roce donde el dolor me abrió
surcos
maravillosos de purezas ocultas...

Así, de pie por mi conciencia,
veo yo la sombra de las noches que anduve la
distancia del hombre
en nostalgia de avances e incursiones profundas.
Nada de sueños tristes ajándome los ojos
por las venas del llanto.

Nada de brazos inclinados en actitud de sostener
   un peso:
¡que nada más existe en las voces que llegan del
   otro lado de mi vida!
He sabido la inmensidad del cielo alto sobre las
   rosas.
y la inquietud extraña de mi alma
por alcanzarse en la hora sin tono que no ha
   llegado aún.
He logrado el silencio amplio de encuentros
   íntimos
donde se rompe la ilusión de murmullo
de las mentes delgadas que persiguen mi adiós.

Desde aquí miro el suelo,
con escudo de estrellas fijo sobre mi mente.
¡Nada turba la fertilidad alba del instante
que recogió mi vida fugitiva de cariño,
al verte aparecido en mi conciencia
como una vida blanca que llegaba
en rescate de la mía!

YO MISMA FUI MI RUTA

Yo quise ser como quisieron que yo fuese:
un intento de vida,
un juego al escondite con mi ser.
Pero yo estaba hecha de presentes,
y mis pies planos sobre la tierra promisora

187

no resistían caminar hacia atrás,
y seguían adelante, adelante,
burlando las cenizas para alcanzar el beso de los
senderos nuevos.
A cada paso adelantado en mi ruta hacia el
frente
rasgaba mi espalda el aleteo desesperado de los
troncos viejos.

Pero la rama estaba desprendida para siempre,
y a cada nuevo azote la mirada mía
se separaba más y más y más de los lejanos
horizontes aprendidos;
y mi rostro iba tomando la expresión que le venía
de adentro,
la expresión definida que asomaba un sentimiento de liberación íntima;
un sentimiento que surgía
del equilibrio sostenido entre mi vida
y la verdad del beso de los senderos nuevos.
Ya definido mi rumbo en el presente,
me sentí brote de todos los suelos de la tierra,
de los suelos sin historia,
de los suelos sin porvenir,
del suelo, siempre suelo sin orillas
de todos los hombres y de todas las épocas.

Y fui toda en mí como en mí la vida...

Yo quise ser como los hombres quisieron que yo
fuese:

188

un intento de vida,
un juego al escondite con mi ser.
Pero yo estaba hecha de presentes;
cuando ya los heraldos me anunciaban en el
   regio desfile de los troncos viejos.
Se me torció el deseo de seguir a los hombres,
y el homenaje se quedó esperándome.

GLORIA FUERTES

[Madrid, España, 1918-   ]

En repetidas ocasiones y con su consabida gracia es-
pumante, Gloria Fuertes ha bosquejado su autobiografía. Tomando líneas de aquí y de allá se logra saber
que nació en Madrid "a los dos días de edad, pues fue
muy laborioso el parto de mi madre, que si se des-
cuida muere por vivirme", y que "a los tres años ya
sabía leer y a los seis ya sabía mis labores. A los
nueve me pilló un carro, y a los catorce me pilló la
guerra". "Quise ir a la guerra para pararla, pero me
detuvieron en mitad del camino." "En la guerra me
hice pacifista, y en la paz puericultora, archivera,
profesora.

"Mi madre me matriculó en el Instituto de Educación Profesional de la Mujer. Allí me diplomaron,
pero bien diplomada, en Cocina, Bordados a mano y
a máquina, Higiene y Fisiología, Puericultura, Con-
fección y Corte. Me apuntó también a Gramática y
Literatura, ya que estaba harta de mis mosqueantes
aficiones, impropias de la hija de un obrero —tales
como atletismo, deportes y poesía. Además en aquellos
tiempos, antes de la garra de la guerra, pocas muchachas practicaban hockey, baloncesto, y menos poesía.

"Ya en 1937 y para no terminar, tan joven, murién-
dome de hambre y otras cosas, entré en una fábrica
de contable; en aquel barrio llovían obuses a diario
—y así, trabajando sin cesar en diferentes oficios
(y sin dejar de escribir un solo día poesía) pasé en

190

*1939 de la oficina de hacer cuentas a una redacción
para hacer cuentos."*

De 1939 a 1950 *Gloria fue redactora de revistas
infantiles, en las que publicó numerosos cuentos, his-
torietas, y versos para niños. Estrenó dos comedias de
teatro infantil.* "En 1955 volví a estudiar, hice biblio-
teconomía e inglés, durante cinco años —todo esto sin
dejar de trabajar ni de escribir. Fue una de mis épocas más felices. Aquellos años, en que ya al frente de
una 'Biblioteca Pública', aconsejaba y sonreía a los
lectores. Mi jefe era el libro, ¡yo era libre!

"Más feliz fui todavía, en 1961, cuando con un
anémico curriculum vitae, de sólo seis libros de poesía
agotados, me dieron una beca Fullbright para enseñar
Poetas Españoles en Bucknell University, Pennsylvania,
Estados Unidos.

"Circunstancial y emocionalmente, desde 1965 mi
destino estaba hecho un fuera de serie. Y a pesar, estuve dando clases con clase, allí o aquí hasta 1975 en
que, ayudada por la Beca March de Literatura Infantil me autobequé y pasé por primera vez a trabajar
solamente en lo mío: escribir, y vivir —como sea—
de lo que escribo."

*Superando los innumerables obstáculos que hubo de
enfrentar una mujer, inteligente pero muy pobre, durante la guerra civil y los tétricos años franquistas,
puede considerarse milagrosa la producción literaria
de Gloria Fuertes.* "He escrito y publicado —a trancas
y barrancas— veinte libros, diez para pequeños inocentes y otros diez para mayores adúlteros, así como
un *Manual de cocina para los días de hambre."*

Así, pues, a las Canciones para niños *y a su primer
poemario* Isla ignorada, *ambos de 1950, siguen* Acon-
sejo beber hilo *(1954) y la* Antología y poemas del
suburbio *(1954) publicada en Venezuela. Luego gana
Primera Mención en el Concurso Internacional de
Poesía Lírica Hispánica con* Todo asusta *(1958). En
1962 edita el poemario* Que estás en la tierra *y, con*

otro, Ni tiro, ni veneno, ni navaja, gana el premio Guipuzcoa en 1965. A estos le siguen Poeta en guardia (1968), Cómo atar los bigotes al tigre (1969), accésit premio Vizcaya, y Sola en la sala (1973). Existen dos compilaciones notables que presentan buena parte de la vasta producción de Gloria Fuertes: la de Francisco Induráin, Antología poética, 1950-1969, Barcelona, Plaza & Janes, 1970 y Obras incompletas, edición de la autora, Madrid: Ediciones Cátedra, 1981 (7ª ed.).

Así como en su juventud Gloria transitaba en su bicicleta por las calles y avenidas de Madrid, vestida muy a lo hombre con pantalones en aquella España tradicionalista, esa rebeldía aparece en gran escala por toda su obra literaria: poemas coloquiales, ingeniosos, sardónicos, que violan todas las reglas de la Academia y de la Moral Cristiana. Quizás lo único castizo en su obra sean esos retruécanos, esos juegos de vocablos que tanto evocan los procedimientos expresivos de los clásicos —Quevedo y Góngora en especial. Aunque Gloria Fuertes no sea feminista de barricada, su visión es de mujer independiente, crítica acérrima de la guerra y de todo exceso machista. Sus actividades en pro de la educación de los niños y de las mujeres nunca han decaído; para éstas, organizó una sociedad, Versos con falda, para que aprendan a expresarse en verso.

NO SÉ

No sé de dónde soy.
No he nacido en ningún sitio;
yo ya estaba
cuando lo de la manzana,

192

por eso soy apolítica.
Menos mal que soy mujer,
y no pariré vencejos
ni se mancharán mis manos
con el olor del fusil,
menos mal que soy así. . .

NO DEJAN ESCRIBIR

Trabajo en un periódico
pude ser secretaria del jefe
y soy sólo mujer de la limpieza.
Sé escribir, pero en mi pueblo,
no dejan escribir a las mujeres.
Mi vida es sin sustancia,
no hago nada malo.
Vivo pobre.
Duermo en casa.
Viajo en Metro.
Ceno un caldo
y un huevo frito, para que luego digan.
Compro libros de viejo,
me meto en las tabernas,
también en los tranvías,
me cuelo en los teatros
y en los saldos me visto.
Hago una vida extraña.

¡HAGO VERSOS, SEÑORES!

Hago versos señores, hago versos,
pero no me gusta que me llamen poetisa,
me gusta el vino como a los albañiles
y tengo una asistenta que habla sola.
Este mundo resulta divertido,
pasan cosas señores que no expongo,
se dan casos, aunque nunca se dan casas
a los pobres que no pueden dar traspaso.
Sigue habiendo solteras con su perro,
sigue habiendo casados con querida
a los déspotas duros nadie les dice nada,
y leemos que hay muertos y pasamos la hoja,
y nos pisan el cuello y nadie se levanta,
y nos odia la gente y decimos: ¡la vida!
Esto pasa señores y yo debo decirlo.

TENER UN HIJO HOY...

Tener un hijo hoy...
para echarle a las manos de los hombres
—si fuera para echarle a las manos de Dios.
Tener un hijo hoy,
para echarle en la boca del cañón,
abandonarle en la puerta del Dolor,
tirarle al agua de la confusión.
Tener un hijo hoy,
para que pase hambre y sol,

194

para que no escuche mi voz,
para que luego aprenda la instrucción.
Tener un hijo hoy,
para que le hagan ciego de pasión
o víctima de persecución,
para testigo de la destrucción.
Tener un hijo hoy...
Con él dentro voy,
donde ni él mismo se puede herir,
donde sólo Dios le hará morir.

LOS PÁJAROS ANIDAN EN MIS BRAZOS...

Los pájaros anidan en mis brazos,
en mis hombros, detrás de mis rodillas,
entre los senos tengo codornices,
los pájaros se creen que soy un árbol.
Una fuente se creen que soy los cisnes,
bajan y beben todos cuando hablo.
Las ovejas me pisan cuando pasan,
y comen en mis dedos los gorriones;
se creen que yo soy tierra las hormigas
y los hombres se creen que no soy nada.

LA ARREPENTIDA

Padre:
Hace quince días que no duermo con nadie.

Me acuso,
de no haberme ganado la vida con las manos,
de haber tenido lujo innecesario
y tres maridos, padre,
...eran maridos de otras tres mujeres.
Podía haber tenido muchos hijos.
No quiero volver a hacerlo.
Me voy a retirar del oficio.
¿Puede recomendarme algún reformatorio?
Ustedes tienen todos muy buenas influencias.
No voy a los oficios y como carne siempre.
Socorro a las sirvientas y a los pobres del barrio
[no les llevo gran cosa.

También debo decirle,
que soy muy desgraciada.

SUSANA MARCH

[Barcelona, España, 1918-   ]

Nace en Barcelona y apenas cumplidos sus quince años inicia su colaboración en periódicos y revistas del país. En 1938 publica Rutas, *donde recoge sus versos de adolescencia. A este poemario le siguen* Poemas de la plazuela *(1948),* Ardiente voz *(1948),* El viento, *(1951), y* La tristeza, *galardonado en 1953 con un accésit del premio Adonais. Un crítico ha definido, su estro poético con bastante certeza, al referirse a su "intimismo afectivo".*

Como su esposo, el destacado novelista Ricardo Fernández de la Reguera, Susana ha tenido bastante éxito también como novelista.

A UN HOMBRE

Salvar este gran abismo del sexo
y luego todo será sencillo.
Yo podré decirte que soy feliz
o desdichada,
que amo todavía
irrealizables cosas.
Tú me dirás tus secretos de hombre,

tu orfandad ante la vida,
tu miserable grandeza.
Seremos dos hermanos,
dos amigos, dos almas
que alientan por una misma causa.
Hace tiempo que dejé la coquetería
olvidada en el rincón oscuro
y polvoriento
de mi primera, balbuciente, femineidad.
¡Ahora sólo quiero que me des la mano
con la fraternal melancolía
de todos los seres que padecen el mismo destino!
No afiles porque soy mujer
tu desdén o tu galantería,
no me des la limosna
de tu caballerosidad insalvable y amarga.
¡Quiero tu corazón sin amor,
pero amigo! Ese corazón leal
que repartes
entre los seres de tu mismo sexo.
¿No alcanzaremos nunca
la paz de nuestras vidas,
la amistad que hace alta el alma,
calurosa la soledad, alegre el mundo?
Como yo me desnudo
de mis naturales artificios,
desnúdate tú de tu complejidad,
¡y sé mi amigo!

A Carmen Conde

Hace mucho tiempo: ayer.
—¡Qué palabra, ayer, más lejana!—
Ayer había pájaros por todos los rincones del
    cielo,
era primavera en las calles,
y también era primavera aquí, en mi piel,
debajo del vestido,
debajo de los encajes
de mi enagua.
Sí, yo sentía la primavera
como se siente el primer dolor del parto,
el primer beso en la boca,
la primera deserción de un amigo.
Pero luego todo eso pasó.
Me acostumbré a ser dañada y poseída,
a renunciar y a equivocarme.
Me acostumbré a ser una mujer indiferente
y discreta,
que apenas permite que le suban a los labios
los tumultos del corazón.
Digo: "Buenos días", sonrío al vecino,
tengo amigos plácidos que no me comprenden,
y envejezco un poco
todas las mañanas. . .
Me miro al espejo,
me encojo de hombros.

¿Soy yo? ¡Qué me importa! Va la primavera
lejana,
por valles,
por montes azules...
Va la primavera —¡quién lo sabe!— lejos.
Yo ya no la siento.
Yo estoy como muerta.

MI HIJO HA CRECIDO ESTE VERANO

Mi hijo ha crecido este verano.
Me pone las manos sobre los hombros y me dice:
"¡Mira, soy casi tan alto como tú!"
Se empina un poco todavía.
Pero pronto será tan alto como yo. ¡Y más alto!
Pronto seré yo la que tendré que empinarme
    para besarlo en la mejilla.
Pronto ya no podré decirle
esas cosas pueriles que dicen las madres a sus
    hijos:
llamarle "sol mío", hacer como que me sor-
    prendo
por cualquier acto suyo,
arroparle por las noches
cuando ya esté dormido.
Pronto ya no podré contarle
esas historias que le gustan tanto,
las heróicas hazañas
que yo cometí cuando era joven,

porque me diría:
"Si tú eres una mujer. Y las mujeres
no cometen hazañas heróicas."
Y yo sentiré delante de sus ojos
todo el triste rubor de mi sexo.
Ya no seré nunca más osada, ni grande, ni amiga
de pájaros emigrantes y marineros taciturnos.
Volveré a ser lo que siempre fui:
una mujer insatisfecha de ser mujer y de todo.
¡Porque el único en este mundo que me veía
    grande
habrá crecido más que yo!

IDEA VILARIÑO

[Montevideo, Uruguay, 1920-   ]

El padre de Idea Vilariño, quien, según ella, "era un buen poeta y gran conocedor de formas y ritmos", le dio ese nombre, Idea *(en vez de* Poema, *como llamó a otra hija) y con ese nombre, sin apellido alguno, firmó sus poemas primerizos. Como* Idea *resultó ser además crítica meticulosa, su primer libro,* La suplicante *(1945), contenía cinco poemas solamente. Redactaba tan cautelosamente que su segundo libro,* Cielo, cielo, *aparecido dos años más tarde, consistía tan sólo de otros cinco poemas. Ya para 1949 decidió reunir esos diez poemas que con unos pocos más constituye el tomo* Paraíso perdido.

Pero Idea no se iba a quedar en una torre de marfil. Durante los años 1950-1951 despliega militancia política, antiimperialista y antioligarquía, participando en la lucha contra el Tratado Militar con los Estados Unidos. Coincidió este despertar político con la publicación de Por aire sucio *(1951), y luego por* Nocturnos *(1955), y* Poemas de amor *(1958), con los cuales su talento le ganó estima en el mundo hispánico.*

Ya para 1967 tanto su obra literaria como sus actividades políticas fueron reconocidas por el gobierno de Cuba, que la invitó a visitar la isla. Le conmovió tan profundamente el fenómeno cubano que al año siguiente regresó. Esas visitas le fueron "invalorables", dice Idea, "porque dos veces recorrí la isla y vi el avance increíble —desde aquí no soñable— que puede hacer un país en un año, en ocho meses. Buenos, sacudió todos mis posibles escepticismos; se me hizo evidente la posibilidad de hacer una revolución con alegría, con articulaciones flexibles; la posibilidad de la recuperación de todo, de la tierra y sus bienes, de los seres humanos. Todo lo que uno sabía, creía, esperaba, recibía allá una hermosa confirmación, una calidad corriente de vida".

La intensidad revolucionaria que agitó al Uruguay durante los años 1960-1961 estimuló a Idea a componer canciones para René Zavaleta, para "Los Olimareños" y para otros cantantes que entusiasmaban entonces a las masas populares. De Idea basta recordar sus canciones "La isla", "Con los brazos atados a la espalda" y "Los orientales", dedicada a Zavaleta que merece citarse:

De todas partes vienen,
sangre y coraje,
para salvar su suelo
los orientales;
vienen de las cuchillas
con lanza y sable,
entre las hierbas brotan
los orientales;
salen de los poblados,
del monte salen,
en cada esquina esperan
los orientales.

Porque dejaron sus vidas,
sus amigos y sus bienes,
porque les es más querida
la libertad que no tienen:
porque es ajena la tierra

203

y la libertad ajena
y porque siempre los pueblos
saben romper sus cadenas.

Eran diez, eran veinte,
eran cincuenta,
eran mil, eran miles,
ya no se cuentan;
rebeldes y valientes
se van marchando,
las cosas que más quieren
abandonando.
Como un viento que arrasa
van arrasando,
como un agua que limpia
vienen limpiando.

Porque dejaron sus vidas,
sus amigos y sus bienes,
porque les es más querida
la libertad que no tienen:
porque es ajena la tierra
y la libertad ajena
y porque siempre los pueblos
saben romper sus cadenas.

*Tras el golpe militar que ha entenebrecido la vida
cultural del Uruguay, Idea Vilariño ha permanecido
en solitario silencio, ofreciéndonos sólo su magnífica*
Segunda antología *(1980), de unas setenta páginas
con unos 64 poemas que parecen rescatar del olvido
y que tan certeramente ha descrito el argentino Luis
Gregorich: "Poemas de versos breves, entrecortados,
desprovistos de puntuación, regidos por una sencillez
(aparentemente) franciscana, y cuyo ritmo íntimo*

parece descansar casi siempre en el tenso e ininterrum-
pido diálogo entre el dolorido yo, la primera persona
enunciadora, y un tú deseado apasionadamente y sin
embargo inalcanzable: el Amante, el Mundo, la Be-
lleza... Una poesía del amor y de la condición feme-
nina... No sólo una de tantas, sino la más convincen-
te de toda nuestra literatura actual... Los poemas que
son cartas u oraciones o imprecaciones al amante no
pueden olvidarse. Ahí están, sugeridos mediante es-
cuetísimos recursos verbales, la vibración del acto
amoroso y la amargura que le sigue, la impregnación
cotidiana y mutua de los amantes, la antropomorfiza-
ción de los objetos y sensaciones que rodean el amor,
el trágico desvalimiento de la mujer y al mismo tiempo
su superioridad profunda con respecto al hombre.
Ahí está el amor, puro, elemental y condenado, no ya
al jardín del Paraíso, ni en el pasado vertiginoso, sino
en el duro presente de la ciudad americana, asediado
por la tristeza, la ropa sucia, la rutina y el dinero."

TODO ES MUY SIMPLE

Todo es muy simple mucho
más simple y sin embargo
aun así hay momentos
en que es demasiado para mí
en que no entiendo
y no sé si reírme a carcajadas
o si llorar de miedo
o estarme aquí sin llanto
sin risas
en silencio
asumiendo mi vida mi tránsito mi tiempo.

No hay ninguna esperanza
de que todo se arregle
de que ceda el dolor
y el mundo se organice.
No hay que confiar en que
la vida ordene sus
caóticas instancias
sus ademanes ciegos.
No habrá un final feliz
ni un beso interminable
absorto y entregado
que preludie otros días.
Tampoco habrá una fresca
mañana perfumada
de joven primavera
para empezar alegres.
Más bien todo el dolor
invadirá de nuevo
y no habrá cosa libre
de su mácula dura.
Habrá que continuar
que seguir respirando
que soportar la luz
y maldecir el sueño
que cocinar sin fe
fornicar sin pasión
masticar con desgano
para siempre sin lágrimas.

Ya no será
ya no
no viviremos juntos
no criaré a tu hijo
no coseré tu ropa
no te tendré de noche
no te besaré al irme.
Nunca sabrás quién fui
por qué me amaron otros.
No llegaré a saber
por qué ni cómo nunca
ni si era de verdad
lo que dijiste que era
ni quién fuiste
ni qué fui para ti
ni cómo hubiera sido
vivir juntos
querernos
esperarnos
estar.
Ya no soy más que yo
para siempre y tú ya
no serás para mí
más que tú. Ya no estás
en un día futuro
no sabré dónde vives
con quién
ni si te acuerdas.

No me abrazarás nunca
como esa noche
nunca.
No volveré a tocarte.
No te veré morir.

SI MURIERA ESTA NOCHE

Si muriera esta noche
si pudiera morir
si me muriera
si este coito feroz interminable
peleado y sin clemencia
abrazo sin piedad
beso sin tregua
alcanzara su colmo
y se aflojara
si ahora mismo
si ahora
entornando los ojos me muriera
sintiera que ya está
que ya el afán cesó
y la luz ya no fuera un haz de espadas
y el aire ya no fuera un haz de espadas
y el dolor de los otros y el amor y vivir
y todo ya no fuera un haz de espadas
y acabara conmigo
para mí
para siempre

208

y que ya no doliera
y que ya no doliera.

LA SIRENA

Decir no
decir no
atarme al mástil
pero
deseando que el viento lo voltee
que la sirena suba y con los dientes
corte las cuerdas y me arrastre al fondo
diciendo no no no
pero siguiéndola.

UN HUÉSPED

No sos mío no estás
en mi vida
a mi lado
no comés en mi mesa
ni reís ni cantás
ni vivís para mí
somos ajenos
tú
y yo misma
y mi casa
sos un extraño un huésped

que no busca no quiere
más que una cama
a veces.
Qué puedo hacer
cedértela.
Pero yo vivo sola.

YO QUISIERA

Yo quisiera
llorando
decírtelo
mostrarte
decirte destrucción
y que tú me entendieras
o decirte
se fue
el verano se fue
o decirte
no te amo
y que tú me entendieras.

NO HAY NADIE

No estoy
no esperes más
hace tiempo me he ido
no busques

no preguntes
no llames que no hay nadie.
Es una loca brisa de otros días
que gime
es un pañuelo al viento
que remeda señales.
No llames
no destroces tu mano
golpeando
no grites no preguntes
que no hay nadie
no hay nadie.

CLARIBEL ALEGRÍA

[Estelí, Nicaragua, mayo 12 de 1924-   ]

Claribel es una de las intelectuales latinoamericanas que tomó parte en una huelga de hambre que hubo en la frontera de El Salvador con Honduras cuando unidades militares estadunidense entrenaban a tropas hondureñas amenazando con cerrar la frontera. Su libro más reciente, Flowers from the volcano, *publicado en 1982 en una edición bilingüe, describe la destrucción, las torturas, el exilio, el desánimo y la muerte que han traído la guerra y la dictadura, todo en un escenario de vegetación tropical, mazmorras e insensibilidad humana.*

Desde su primer libro de poemas, Anillo de silencio *(1948), ha publicado otros nueve:* Suite *(1951),* Vivilia *(1953),* Acuario *(1955),* Huésped de mi tiempo *(1961),* Vía única *(1965),* Aprendizaje *(1970),* Pagaré a cobrar *(1973) y* Sobrevivo *(1978), que recibió el premio de Casas de las Américas.*

También ha publicado cuentos para niños: Tres cuentos *(1958) y una novela corta,* El detén *(1977); en colaboración con su marido, Darwin J. Flakoll, la novela* Cenizas de Izalco *(1966) y también dos antologías de poesía:* New voices of Hispanic America *(1962) y* Cien poemas de Robert Graves *(1981). El ensayo crítico,* La encrucijada salvadoreña, *ha circulado ampliamente por América Latina.*

212

CREÍ PASAR MI TIEMPO...

Creí pasar mi tiempo
amando
y siendo amada
comienzo a darme cuenta
que lo pasé despedazando
mientras era a mi vez
des
   pe
      da
         za
            da.

EN LA PLAYA

A Carole

No ha sido nada.
Ven.
Recoge el balde con la otra mano
te contaré otro cuento si no lloras
pasa en la China el cuento
¿sabes dónde es la China?
Dijo que no con la cabeza
y se acercó sin ganas
con la nariz mocosa
y el bañador azul
chorreando arena.

Hace mucho, le dije
mientras la sentaba en mi regazo
allá en la China
les ataban los pies a las mujeres
para que no crecieran
todo el resto crecía
sólo el pie
se quedaba allí preso
entre las vendas
y las pobres mujeres
casi no podían caminar
las uñas de las manos
se las dejaban largas
más que uñas eran garras
y las pobres mujeres
apenas si podían levantar una taza
para tomar el té.
No es que fueran inútiles
es que así las querían
sus maridos
sus padres
sus hermanos
un objeto de lujo
o una esclava.
Eso sucede aún
en todo el mundo
no son los pies los que atan
es la mente, Carole
y hay mujeres que aceptan
y mujeres que no.

214

Déjame que te cuente
de Rafaela Herrera:
junto a otras mujeres
espantó nada menos
que a Lord Nelson
con tambores
con cohetes
y con gritos
no había ningún hombre
sólo fueron mujeres
tuvo miedo Lord Nelson
creyó que el pueblo entero
se había sublevado
(llegaba de Inglaterra a invadir Nicaragua)
y regresó a su patria
derrotado.
Tu dedito torcido
es como ser mujer
tienes que usarlo mucho
y verás cómo sirve.
Vuelve a jugar ahora
no acarrees arena
ayúdale a tus primos
a construir el castillo
ponle torres
y muros
y terrazas
y destruye
y construye
no acarrees arena

deja que ellos lo hagan
por un rato
que te traigan a ti
baldes de arena.

ROSARIO CASTELLANOS

[México, D. F., 27 de mayo de 1925-Tel Aviv, Israel, 7 de agosto de 1974]

"*Nací en México, D. F., el 25 de mayo de 1925. Pero mi familia, que era de origen chiapaneco y que sólo se encontraba de paso en la capital de la República, me llevó casi inmediatamente a radicar a Comitán, pequeño pueblo fronterizo con Guatemala.*

"*Allí, donde un gran porcentaje de la población es indígena y no habla más que sus dialectos derivados del maya y donde el régimen de la propiedad y las costumbres son casi las mismas que implantaron los españoles a raíz de la conquista, fue donde transcurrió mi infancia y los primeros años de mi adolescencia.*

"*Al principio, todas aquellas instituciones en las que nos asentábamos desde tiempo inmemorial parecían inamovibles; pero surgió de pronto una nueva línea política, una legislación agraria, que pusieron en crisis los privilegios de los latifundistas y que a muchos de ellos (entre otros a mis padres) los obligó a emigrar, abandonando sus posesiones y estableciéndose en México al ras de la pequeña, muy pequeña burguesía.*

"*Sobre mí este fenómeno nacional tuvo repercusiones muy hondas. Por una parte destrozó la certidumbre de mi superioridad racial, social y económica —que de haber continuado viviendo en un Chiapas fiel a sus tradiciones habría disfrutado sin ningún sobresalto y como uno más de los dones hereditarios— y por*

217

la otra me obligó a encontrar asideros, valores qué conquistar y de los cuales adueñarme para sentirme digna de vivir.

"Estos valores, por razones físicas (yo era una muchacha desgarbada, de salud precaria y de actitudes tímidas) no podían ser ni los que ostentan la belleza, ni los que se sustentan en la alegría ni los que desembocan en el amor. Así que me refugié en la vida intelectual para la que, por lo demás, estaba bien dotada.

"La vocación literaria se había manifestado muy precoz y muy claramente pero dentro de un ámbito en el que era obvio que carecía por completo de viabilidad. Nadie, ni yo misma consideraba en mi medio a la literatura como una profesión y menos todavía como una profesión que pudiera ejercer una mujer. Así que se me destinó a disciplinas más prácticas: química, leyes mientras yo continuaba escribiendo unos versos ripiosos, sentimentales e inoperantes que almacenaba en un rincón de mis pupitres escolares.

"A pesar de todo algo comenzó a trascender entre mis condiscípulos porque, de pronto, se puso de moda que las muchachas regalaran a sus pretendientes con sentidas endechas eróticas que yo les manufacturaba por encargo y que cumplían sus funciones entre los destinatarios, a plena satisfacción.

"Cuando llegó el momento de elegir entre el bachillerato de ciencias y el de humanidades, mi insuperable aversión a las matemáticas me obligó a preferir el segundo. Allí, en las aulas, supe que existía un género llamado "novela" que no forzosamente se dedicaba a la propagación de la fe religiosa y en la que los protagonistas podrían ser alguien más que un abnegado misionero en tierras bárbaras, una monja suspirante, una mujer perdida en el mar proceloso que es el mundo, un mártir a punto de ingresar en el estómago de una fiera. Supe también que esos versos —que yo producía como una mera excrecencia— estaban sujetos a una serie de normas que era preciso conocer y do-

minar si quería lograrse la perfección; y, por fin, supe que clásico no era sinónimo de decente.

"Armada de tales nociones me dirigí a la Universidad con una brújula que no señalaba con mucha exactitud. Hice mi primera estación en la Facultad de Derecho en la que permanecí el tiempo indispensable para tomar parte en unas agitadas elecciones políticas y emigré en busca de climas más tranquilos a Filosofía y Letras. ¿Pero qué era Letras? ¿Esa especialidad que se impartía haciendo hincapié en todo lo que, a mi modo de ver, carecía de importancia en un libro? ¿Tenía que atiborrarme de fechas, pies de imprenta, fichas, para entender el fenómeno literario? Me rehusé a pasar bajo esas horcas caudinas y me dediqué a la carrera de Filosofía. Sólida, formadora pero, ay, incomprensible. Los maestros, para explicarse, empleaban conceptos y yo no era capaz de manejar sino imágenes. Hacía mis translaciones, no sé si acertadas o no, pero es el caso que rendí los exámenes exigidos con notas regulares, que elaboré la tesis obligatoria y que obtuve el grado de maestra en una materia que no acierto aún a definir.

"De manera vergonzante seguía escribiendo versos. Las influencias que aceptaba eran, a no dudarlo, mejores. Los temas más ambiciosos y, consecuentemente, las realizaciones más fallidas. Además me atrevía, de cuando en cuando, con el ensayo, con la crítica bibliográfica.

"En 1948 coincidieron varias circunstancias para fraguar mi primer libro: la muerte, casi sucesiva, de mis padres (con lo que me convertí en una mujer independiente, dueña de una renta mediana pero bastante para mis necesidades); el fin de un primer tratamiento psicoanalítico que equivalía a un diploma de adaptación a mis circunstancias y la adquisición de uno de los muy escasos ejemplares de la Antología Laurel en el que estaba, íntegro, el poema de José Gorostiza Muerte sin fin.

219

"Con tales ingredientes elaboré Trayectoria del polvo en el que sumaba a mi concepción del mundo mi autobiografía. Fue recibido con discretos aplausos de parte de mis compañeros de generación, con alguna nota alentadora de los mayores y con el silencio de los demás. Yo procuré guardar la impavidez mientras redactaba los Apuntes para una declaración de fe que sí fueron calificados muy desfavorablemente. Pero ya era demasiado tarde porque yo estaba lanzada. Hacía incursiones en el teatro, en el relato y volvía siempre a mi centro de gravedad: la poesía. De la vigilia estéril, Dos poemas, El rescate del mundo, Presentación al templo fueron los títulos que asumió un proceso, conscientemente emprendido, de depuración.

"Viajes, enfermedades, trabajos completaron el resto de una experiencia vital que cuajó en varios poemas dramáticos de los cuales únicamente se conocen dos: Judith y Salomé.

"La necesidad de contar historias me llevó a la novela. Balún-Canán tuvo una consecuencia que jamás habría sospechado: lectores. El monólogo se convirtió en diálogo y hasta se sostuvo en otros idiomas: inglés, francés, alemán. La prosa me resultaba un vehículo excelente de comunicación. Pero no por eso abandonaba mis antiguas querencias. Los poemas escritos entre 1952 y 1955 se recopilaron y después reuní material para dos libros más de poesía: Al pie de la letra, Lívida luz y otro que permanece aún inédito y sin bautizar.

"Pero Balún-Canán exigía sus complementos. Y aparecieron Ciudad Real, un tomo de estampas chiapanecas; Oficio de tinieblas, una novela con fondo histórico (que se ha traducido ya al polaco); y Los convidados de agosto, textos en los que agoté mi interés por la provincia.

"Rito de iniciación, novela inédita, se mueve en otros ámbitos, en otros niveles y se expresa con otro lenguaje. Quizá no tenga más mérito que el de un expe-

rimento. Pero la tarea de definirla se la dejo a otro.
Mis Juicios sumarios, a punto de publicarse, se dictan
sobre obras ajenas."

Rosario redactó estas notas autobiográficas a principios de 1966, después llegaron los laureles y la muerte. En 1972 aparece Poesía no eres tú, con lo más destacado de su lírica, que la eleva al más alto nivel de la
poesía contemporánea. Débese esto no sólo a su des-
treza, a su retórica, sino a su temática. Aquí una mujer impone su recia personalidad y su genio por medio de la intensidad de sus sentimientos y lo convin-
cente de su lógica. Pero lo lamentable es que Rosario
ya no escribirá más: una tarde de agosto de 1974 al
tratar de arreglar una lámpara, cuando residía en Tel
Aviv como embajadora de México, puso descuidada-
mente una mano en el enchufe y se electrocutó.

JORNADA DE LA SOLTERA

Da vergüenza estar sola. El día entero
arde un rubor terrible en su mejilla.
(Pero la otra mejilla está eclipsada.)

La soltera se afana en quehacer de ceniza,
ne labores sin mérito y sin fruto;
y a la hora en que los deudos se congregan
alrededor del fuego, del relato,
se escucha el alarido
de una mujer que grita en un páramo inmenso
en el que cada peña, cada tronco
carcomido de incendios, cada rama

221

retorcida, es un juez
o es un testigo sin misericordia.

De noche la soltera
se tiende sobre el lecho de agonía.
Brota un sudor de angustia a humedecer las
    sábanas
y el vacío se puebla
de diálogos y hombres inventados.

Y la soltera aguarda, aguarda, aguarda.

Y no puede nacer en su hijo, en sus entrañas,
y no puede morir

en su cuerpo remoto, inexplorado,
planeta que el astrónomo calcula,
que existe aunque no ha visto.

Asomada a un cristal opaco la soltera
—astro extinguido— pinta con un lápiz
en sus labios la sangre que no tiene

Y sonríe ante un amanecer sin nadie.

SE HABLA DE GABRIEL

Como todos los huéspedes mi hijo me estorbaba
ocupando un lugar que era mi lugar,

222

existiendo a deshora,
haciéndome partir en dos cada bocado.

Fea, enferma, aburrida
lo sentía crecer a mis expensas,
robarle su color a mi sangre, añadir
un peso y un volumen clandestinos
a mi modo de estar sobre la tierra.

Su cuerpo me pidió nacer, cederle el paso;
darle un sitio en el mundo,
la provisión de tiempo necesaria a su historia.

Consentí. Y por la herida en que partió, por esa
hemorragia de su desprendimiento
se fue también lo último que tuve
de soledad, de yo mirando tras de un vidrio.

Quedé abierta, ofrecida
a las visitaciones, al viento, a la presencia.

MEDITACIÓN EN EL UMBRAL

No, no es la solución
tirarse bajo un tren como la Ana de Tolstoi
ni apurar el arsénico de Madame Bovary
ni aguardar en los páramos de Ávila la visita
del ángel con venablo
antes de liarse el manto a la cabeza
y comenzar a actuar.

Ni concluir las leyes geométricas, contando
las vigas de la celda de castigo
como lo hizo sor Juana. No es la solución
escribir, mientras llegan las visitas,
en la sala de estar de la familia Austen
ni encerrarse en el ático
de alguna residencia de la Nueva Inglaterra
y soñar, con la Biblia de los Dickinson,
debajo de una almohada de soltera.

Debe haber otro modo que no se llame Safo
ni Messalina ni María Egipciaca
ni Magdalena ni Clemencia Isaura.

Otro modo de ser humano y libre.

Otro modo de ser.

ANGELINA GATELL

[Barcelona, España, 8 de junio, 1926]

"Nací en Barcelona en 1926 y desde 1954 resido en Valencia. No cursé más estudios que los elementales. He publicado en casi todas las revistas españolas de poesía y en algunas del extranjero. He dado varios recitales en Valencia y Alicante, donde fui invitada por el grupo literario Ifach, dirigido por Vicente Ramos, para tomar parte en el X Mensaje Literario, junto al musicólogo Roberto Plá. He obtenido el premio Valencia para Poesía, de la Diputación de Valencia (1954), por mi obra Poemas del soldado. *Alterno la poesía con el teatro: pertenezco al grupo de cámara El Paraíso, como actriz." Además de* Poemas del soldado, *Angelina Gatell es la autora de* Poemas alucinados *y* Mujer en la esquina.

MUJER EN LA ESQUINA

Ya no tienes siquiera un borbotón de llanto
para llenar tus ojos...

Mujer rota en la esquina, esqueje silencioso
de un arbusto que fue tronco lozano,

225

¿qué celeste criatura se te apagó de golpe
para que tú te alzaras en medio de tu ruina
como un sórdido canto?

El hombre te transita, socava tu amargura
y abreva entre tus aguas su sed interminable;
pero nunca detiene sus ojos en los tuyos,
ni piensa que tú fuiste una dulce muchacha
de trenzados cabellos...
o una niña que amaba su muñeca,
a un hermano, a un árbol, a una rosa...

Mujer rota en la esquina, pregón que nos delata
otros mundos siniestros
donde el alma es tan sólo una palabra triste;
y la sangre un charco sin transcurso;
donde los ojos son torpes caminos
para llegar al lodo;
donde los labios son gritos en pugna
y las bocas cavernas infranqueables
con un manar de voz como impacientes
marejadas de fuego, turbio, impuro...

Mujer rota en la esquina, desgajada
de los días hermosos, de los campos floridos,
cuando te encuentras sola con tu antigua criatura,
cuando sientes tus ojos arrasados de lluvia
y no puedes llorarla,
¿qué rencor se te enciende como hermosa
   bandera

para azotar el signo de tu vida?
¿Qué palabra pronuncias? ¿Con qué voz nos
    golpeas
a todos los que fuimos, tal vez, fariseos?
¿Y qué desdén te cubre la mirada?
¿Y qué odio voraz te quema el pecho?
¿Y qué mano levantas vengativa?
¿Y qué risa nos tiras a la cara
como lluvia pequeña?

VOZ DE LA MUJER A LOS HOMBRES

Manos que fueron mías, ya son alas remotas.
Manos que me ofrecieron amistad y caricia.
Manos que fueron pulsos en mi fiebre
se me han perdido lentas, defraudadas.

Soy la misma criatura. Tengo los mismos ojos
que me juzgasteis bellos.
Tengo los mismos labios que os rozaron la frente,
que os dijeron la tierna, la precisa palabra
cuando implorábais alegría o beso.

Y estáis aquí. Pasáis junto a mis pasos,
vivís en línea recta con mi vida,
pisáis el mismo sol y el mismo barro,
y sois, igual que yo, muerte en proyecto.

Pero no sois los mismos. Hay un constante giro

de hurto en vuestra mano.
¿Qué me negáis, decid, con este duelo
que socavado y hondo os adivino?

¿Por qué, Señor? ¿Qué lepra me ha nacido de
   pronto?

Me vais dejando sola con mi peso
de dolor y de sangre.

Me vais dejando sola. Tierra inhóspita y fría
destinada a camino,
donde rueda la angustia de los sucios rebaños,
donde ruedan los ecos de las voces airadas
que contra mí elevaron sus aceros.

CIUDADES EN GUERRA

He visto las ciudades, Señor,
allí donde la guerra
suena como un rumor muy hondo
como de agua encerrada entre las rocas.

He visto las ciudades, su destierro
de árboles y lirios. . .,
los bloques de cemento que levantan
su triunfo tristísimo, tan árido,
tan lejos de tu mano y del instinto
elemental del hombre. . .

228

He visto las ciudades, sus calles y sus plazas
donde la tierra amordazada sueña
arrancarse del peso que la oprime
y abrirse para el grano y para el fruto.

He visto allí, la guerra agazapada
por todos los rincones. Vi los pechos
frustrados de las madres que cambiaron
labios pequeños por pájaros oscuros
que picotean dentro
abriendo sombras, sombras y más sombras.

Vi los rostros cansados,
un cansancio racial subiendo siempre
por venas y pupilas...
Un ruido incesante de hierros y mordazas,
un rechinar eterno...
y por todo la guerra como un eco;
la guerra como un pálido fantasma
recorriendo las calles, entrando en los portales,
abriendo portezuelas de los coches,
parada en los escaparates.

Y en los niños, Señor, como una rosa
inaccesible y bella, entresoñada
por sus mínimos sueños;
como un himno, Señor;
como una arcada nimbando sus cabezas;
como un canto prensil que los empuja
sin apenas saber;

como una meta;
como un triunfo del hombre;
como un rito.
Y así, Señor, pulsos y labios,
brazos y dientes;
así, Señor, mandíbulas y sexos
creciendo en puro espanto,
en puro odio;
latir, besar, morder, amar,
todo en el odio;
y concebir sin tregua para el odio,
en los charcos del odio...

Vi la guerra en las ciudades,
cabalgando en los lomos de los perros,
de los perros, Señor, también en odio...
La guerra en las ciudades como un río
dolorosamente subterráneo,
agua por todas partes rezumando...

Así la guerra, el manotazo
de los hombres soberbios,
de tantos hombres-larvas, hombres-perros,
hombres en puro odio, en pura guerra...

RAQUEL JODOROWSKY

[Iquique, Chile, 9 de junio, 1937]

"Nací en Iquique, famoso lugar de boxeadores. Dentro de una mina de cobre. Así vengo del fondo de la tierra. Desciendo de colonos. Mi padre tañedor de balalaika, apaleado en Rusia, minero en Chile, profeta en Israel. Mi madre, analfabeta, rompió árboles, hizo un arado y sobre los pantanos sembró maíz. Aprendí a 'escribir' antes de aprender a escribir y leer. Como las muñecas me parecían niños muertos, jugué con las arañas del salitre y los lagartos de la arena. He escrito 14 libros de poesía, tengo un hijo y un loro. Y tengo el mundo entero. Es todo."

Los poemas que aquí se incluyen provienen de Caramelo de sal (1981), poemario que reúne los textos más notables de Raquel según ella "poemas de dulce y amargura. Crueles y tiernos como nuestra época. La poesía que nace en un planeta de harapos y esplendor".

NO ME RELACIONO

No me relaciono con el desastre
ni con la muerte.
Soy un as-pájaro que come vida

231

adaptado a diámetros de luna y sol.
Una mujer pacífica en un mundo de batallas.
Hay tanta cólera en la mente de los hombres
¿Cuándo van a comprender que hay
un camino distinto
para llegar a los grandes poderes?
Porque
¿qué cosa duradera redime la violencia?
¿Qué es lo que la sangre lava para siempre?
Si todo queda realmente negro
bajo una costra de tristeza.
Nuestro espíritu no está hecho para matar
y a veces mata
en el nombre moderno de Dios
que es el Dios de las excusas.
¡Cómo quisiera que esta humanidad no sea
una flor de música destinada a quemarse!
Cómo olvidar las tradiciones, los dráculas
las artes-trampas que dirigen la decapitación
desaparecen ciudades o gobiernan las almas
introduciendo microbios que carcomen
la alegría de vivir.
De suerte que estos errores invaden un siglo
confunden los pueblos y alteran
el movimiento del corazón del hombre.
Hemos olvidado lo grandioso que somos.

Mi poesía siente frío en este mundo
donde no me relaciono con la especie.
...Y mientras ellos caen yo resisto...

Aquí estamos las madres negras
petrificándonos
como un raro ejemplar
de otras edades.
Sin que estas palabras
puedan cambiar
las decisiones de los hombres
que mantienen los pueblos
en la sombra.
Aquí estamos las mujeres poderosas
rodeadas de atormentadores
reducidas a cenizas
por la mano del hombre.
¿Dónde va a florecer nuestra familia
si se contamina la vida
en el Pacífico
y hacen estallar el espacio
rompen el aire de dragones imaginarios
si desequilibran las nieves de los Polos
y también las profundidades de la tierra?
Dónde alimentar la sonrisa de los hijos
con peces muertos, vegetales muertos, aire muerto
alimento envenenado
cabellos, piel, el color de los ojos
envenenado
la alegría de vivir envenenada.
Sin que ninguna de mis palabras
pueda cambiar nada

233

Aquí me desintegro
sin haber tomado parte
ni ser poeta comprometida
con cualquiera de estas mentes
destructoras
de mis generaciones sobre la tierra.

EL HOMBRE ES UN ANIMAL QUE RÍE...

El hombre es un animal que ríe
o es un animal que llora
pero ¿cuándo es
un hombre qué piensa?
Pues así como vamos
harán de este mundo
la arquitectura del fin.
Los partidos políticos
que levantan pedestales
de un movimiento sí y de otro no.
¡Poetas tuertos!
Lo importante es abarcar el mundo
de esta parte y de la otra
de la ira y del amor
y tragarse la verdad de sus mentiras
y las mentiras de su verdad.
No la vida dividida
a la derecha y a la izquierda
sino la totalidad del sudor
la unidad del esfuerzo

234

Reunido.
Déjennos al menos un tiempo
hombrecitos rabiosos
jefes de las banderas
sentar sobre sus cerebros marchitos
nuestros sexos bellos
déjennos romper las riendas de los pueblos
para que se desboquen
como caballos felices por la tierra.

EL SECRETO

Ha pasado un siglo.
Un día alguien levantará
una piedra abandonada
para estudiar
el pasado del mundo.
Y ahí debajo, ensombrecido
estará mi poema.
Nadie sabrá repetirlo.
Sobre la tierra, nuevos hombres
nuevos sonidos, nuevos poetas
van trabajando y cantan.
Así mis lágrimas quedarán
en secreto para siempre.
Y yo estaré feliz, con mi pena sólo mía
en un poema que no puede ya contaminar.
Impronunciada, inexistente
Sólo heredando el peso de las piedras...

BERTALICIA PERALTA

[Ciudad de Panamá, Panamá, 1939]

*Desde la década 1960-1970 Bertalicia ha desplegado
dinámica actividad tanto en poesía como en narrativa,
tanto en el periodismo como en el profesorado. Bertalicia cursó sus estudios en el Instituto Nacional de Música y en la Universidad Nacional de Panamá (periodismo) y por muchos años ha enseñado música en la
escuela secundaria. Fundó y sirvió de co-editora de la
revista de "nueva literatura panameña"* El Pez Original
*(1968-1971) y ha dirigido secciones literarias en va-
rios periódicos, manteniendo una columna, "Temas de
Hoy" en el diario* Crítica, *además de la sección "Letras
de Crítica" a través de la cual organiza y anima
anualmente un concurso nacional de Literatura Infantil.*

*Con frecuencia sus obras han sido premiadas en
concursos nacionales e internacionales, siendo traduci-
das al inglés, polaco, italiano, ruso, alemán y portu-
gués. Vale mencionar de su obra poética:* Canto a la
esperanza filial *(1962),* Sendas fugitivas *(mención
honorífica en el concurso Ricardo Miró, 1962),* Dos
poemas *(1964),* Atrincherado amor *(1965),* Los re-
tornos *(1966),* Un lugar en la esfera terrestre *(tercer
premio en el primer concurso internacional de Poesía
de Poetas de América Latina),* Himno a la alegría
(1973), Ragul *(1976),* Casa flotante *(1979) y* Piel de
gallina *(1982). Su obra narrativa también, ha sido
notable:* Largo in crescendo *(1967),* Casa partida

(premio Universidad, 1971), Barcarola y otras fantasías incorregibles *(premio Universidad, 1973)*, Muerto en enero *(premio Itinerario, Instituto Nacional de Cultura, 1974)*, Encore y Guayacán de marzo *(premio y mención Itinerario, respectivamente, 1980)*.

De su cuento para niños *"Historia de la nube blanca y la semilla de mango"* se realizó una adaptación para la televisión educativa. En 1981 escribió el argumento literario para el ballet El escondite del prófugo, con música de Clarence Martín y coreografía de Joyce Vives, estrenado ese año por el Ballet Nacional de Panamá.

En reconocimiento de sus valiosas actividades culturales, la ciudad de Panamá la ha declarado "Hija Meritoria", otorgándole las llaves de la ciudad.

LA ÚNICA MUJER

La única mujer que puede ser
es la que sabe que el sol para su vida empieza
ahora

la que no derrama lágrimas sino dardos para
sembrar la alambrada de su territorio

la que no comete ruegos
la que opina y levanta su cabeza y agita su cuerpo
y es tierna sin vergüenza y dura sin odios

la que desaprende el alfabeto de la sumisión
y camina erguida

237

la que no le teme a la soledad porque siempre ha
    estado sola
la que deja pasar los alaridos grotescos de la
    violencia

y la ejecuta con gracia
la que se libera en el amor pleno
la que ama

la única mujer que puede ser la única
es la que dolorida y limpia decide por sí misma
salir de su prehistoria.

CONCURSO DE BELLEZA

Se requiere mujer hermosa;
senos mirando al cielo de por lo menos
dieciocho pulgadas cada uno
torneando suavemente una
cintura tierna que las manos
puedan abarcar dentro de veinte pulgadas
más abajo treinta y seis esta vez
sobre la pelvis
todo será canjeado por un viaje alrededor
del mundo automóvil último modelo
maridos eventuales presentaciones en TV
anuncios publicitarios
y el mejor maquillaje a prueba de agua
que se conozca.

238

Con mi pena tan grande
salí a buscar la compasión ajena

a mi paso tropecé con la vecina
del tercer piso que vive sola y
da de comer y de vestir a cuatro hijos
y fue despedida de su trabajo
porque no cumple el horario completo

su hijo mayor de nueve años
debe ser tratado por un especialista
para "niños excepcionales"
y a ella le cansan las caminatas por
las várices de sus piernas

casi me indigesto de vergüenza
por mi pena tan grande.

ELENA JORDANA

[Buenos Aires, 25 de septiembre, 1940]

"¿Mis datos biográficos? De Elena puedo decir que nació en Buenos Aires, el 25 de septiembre de 1940. Que vivió de 1961 a 1972 en Nueva York, y que desde entonces vive en México. Que lo que la hace escribir (¡oh, horror!) es el simple hecho de sacarse cosas de adentro, una especie de desahogo o catarsis. Que sus influencias son cuanto poeta de habla hispana ha leído, ya sea para tratar de acercarse a ellos, para no escribir jamás como ellos. Que en Nueva York, y luego en Buenos Aires y en México, publicó las ediciones El mendrugo, hechas a mano en su casi totalidad, para autopublicarse, publicar a otros autores que, como ella, querían sentirse independientes frente a editores y también para publicar a algunos de sus autores favoritos. Que en México ganó el premio Nacional de Poesía de Aguascalientes en 1978, con su libro Poemas no mandados, y el premio Nacional de Letras Ramón López Velarde, 1982, con el monólogo teatral Mujer al sol. Que tiene dos libros de poemas inéditos (e infinitos): La maga de Oz y 9 poemas a Don Juan. Que su cuento En el fabuloso principado de Mónaco, que considera lo mejor que ha escrito, participó en varios concursos, perdiendo en todos. Que nunca logró escribir una novela."

240

Soy esa borrachera que necesitás a mitad de año
cuando el aguinaldo
las vacaciones
el ascenso
aún están lejos
soy la nota disonante
que te ayuda a sobrellevar esa armonía monótona
que decís que es tu vida
soy ese minuto de locura
que te permite aguantar el resto de la hora
el elogio dicho con firmeza tal que descarta tu
    duda
la urna en que depositás tus lastimeros "vos no
    sabés"
tus pequeñas frustraciones cotidianas
tus:
el café está frío
quién me abrió esta carta
otra vez la cuenta del gas

soy la que despierta los rincones más inéditos de
    tu piel
la que te hace decir:
con vos me siento otra vez un colegial

soy
en otras palabras
esa mujer que te llevás a un hotel

241

en una noche de borrachera
y a quien te olvidás de preguntar su nombre
o si podrás volver a verla algún día.

10 DE MAYO

Y en este día glorioso, oh madre
está dicho que recibirás de tus hijos
los símbolos de amor eterno condensados en
una jarra de plástico imitando el tallado del
    cristal
un perfume
cien veces menos cálido que el olor a chile y
    cebolla de tus guisos
—pero firmado por Coty—
unos guantes demasiado suaves para tus manos
    acostumbradas a la sosa y las escobas
un pañuelo de gasa que sólo te atreverás a usar
ruborizada
durante los primeros cinco minutos de la fiesta
    en tu nombre
un ramo de gladiolos que equivale al salario de
    dos días de tu esposo
un póster, un papel ilustración, a cinco colores,
    que dice "te quiero".

Y sin embargo, en este día, oh madre,
los ojos de tus hijos brillarán de un modo especial
mientras te entregan, temblorosos y expectantes,

sus regalitos envueltos en papel glasé y adorna-
dos con grandes moños de colores brillantes.

Y esa misma noche, madre, mientras tú abrazas
y besas a tus hijos
conmovida por la tierna inutilidad de
la jarrita de plástico, los guantes, el pañuelo de
gasa, los gladiolos
los dueños de la Comercial Mexicana se frotan
las manos
e invitan a una copa de champaña
al contador
al gerente y al supervisor
por el éxito de ventas de cosas que
la verdad
creíamos que nunca nadie sería capaz de com-
prar.

ROSARIO FERRÉ

[Ponce, Puerto Rico, 28 de septiembre de 1940]

"Nací en Ponce y cursé estudios universitarios en Wellesley y en Manhattanville College. Hice mi maestría en la Universidad de Puerto Rico. De 1970 a 1972 publiqué la revista literaria Zona de carga y descarga. He publicado cuentos y poesía: Papeles de Pandora (1976), El medio pollito (1978), La muñeca menor (1979), Sitio a Eros (1981), Los cuentos de Juan Bobo (1981) y las fábulas La garza desangrada (1982). También hice una traducción del libro de Lillian Helman: Scoundrel times, publicado por el Fondo de Cultura Económica en 1980.

"Soy madre de tres hijos y ama de casa, y no escribo para ganarme la vida, sino por necesidad.

"Ah, se me olvidaba que publiqué durante un año una columna semanal de crítica literaria en el periódico El Mundo, de 1979 a 1980 —columna que esporádicamente aún envío, intitulada 'Carga y descarga'."

ENVÍO

a mi madre, y a la estatua de mi madre,
a mis tías, y a sus modales exquisitos,
a Marta, así como también María,

244

porque supo escoger la mejor parte.
a Francesca, la inmortal, porque desde su infier-
    no insiste
en cantarle al amor y a la agonía,
a Catalina, que deslaza sobre el agua
las obscenidades más prístinas de su éxtasis
únicamente cuando silba el hacha,
a Rosario, y a la sombra de Rosario,
a las erinnias y a las furias que entablaron
junto a su cuna el duelo y la porfía,
a todas las que juntas accedieron
a lo que también consentí,
dedico el cumplimiento de estos versos:
porque canto,
porque coso y brillo y limpio y aún me duelen
los huesos musicales de mi alma,
porque lloro y escribo en una copa
el jugo natural de mi experiencia,
me declaro hoy enemiga de ese exánime
golpe de mi mano airada
con que vengo mi desdicha y mi destino,
porque amo,
porque vivo, y soy mujer, y no me animo
a amordazar sin compasión a mi conciencia,
porque río y cumplo y plancho entre nosotras
los mínimos dobleces de mi caos,
me declaro hoy a favor del gozo y de la gloria.

CRISTINA PERI ROSSI

[Montevideo, Uruguay, 1941]

Al completar su licenciatura en letras en la Universidad de Montevideo, Cristina ejerció la docencia y el periodismo. Alternó su producción de narradora con la de poeta: así pues van apareciendo sus cuentos Viviendo *(1963),* Los museos abandonados *(1968),* Indicios pánicos *(1970) y la novela* El libro de mis primos *(1969) simultáneamente con sus poemarios* Ellos los bien nacidos *(1968),* Homenaje *(1968) y* Evohé *(1971).*

Salió exiliada en 1972, radicándose en Barcelona, donde ha publicado La tarde del dinosaurio *(1976) y, con la Editorial Lumen, su relato alegórico en verso* Descripción de un naufragio *(1975) y* Diáspora *(1976), poemario audaz e irónico, con una fuerte dosis de erotismo y crítica social.*

OÍR A BACH...

Oír a Bach
es un insulto
si por mi puerta entran
los más diversos crímenes de la Historia
las más famosas infamias

246

la desgracia de mi madre
y este amor
que se cae como un espejo
tumbado por el viento.

PROYECTOS

Podríamos hacer un niño
y llevarlo al zoo los domingos.
Podríamos esperarlo
a la salida del colegio.
Él iría descubriendo
en la procesión de nubes
toda la prehistoria.
Podríamos cumplir con él los años.

Pero no me gustaría que al llegar a la pubertad
un fascista de mierda le pegara un tiro.

CA FOSCARI

Te amo como mi semejante
mi igual mi parecida
de esclava a esclava
parejas en la subversión
al orden domesticado
Te amo esta y otras noches
con las señas de identidad

cambiadas
como alegremente cambiamos nuestra ropa
y tu vestido es el mío
y mis sandalias son las tuyas
Como mi seno
es tu seno
y tus antepasadas son las mías
Hacemos el amor incestuosamente
escandalizando a los peces
y a los buenos ciudadanos de este
y de todos los partidos.
A la mañana, en el desayuno,
cuando las cosas lentamente vayan despertando
te llamaré por mi nombre
y tú contestarás
alegre,
mi igual, mi hermana, mi semejante.

A LOS POETAS QUE ALABARON SU DESNUDEZ...

A los poetas que alabaron su desnudez
les diré:
mucho mejor que ella quitándose el vestido
es ella desfilando por las calles de Nueva York
—Park Avenue—
con un cartel que dice:
"Je suis lesbianne. I am beautiful."

En el Londres de las institutrices
no visité la tumba de Virginia Woolf
—detalle de estilo que jamás podrás
    perdonarme—
por haberme pasado las tardes detrás de una niña
que impulsaba una bola dentro de un aro.

LAURA CÁRDENAS

[Ciudad de México, 28 de julio de 1942]

"*Mis comienzos literarios fueron sólo intentos, ideas escritas en cuadernos de escuela, cuentos escritos cuando apenas había cumplido siete años. Mi adolescencia transcurrió en una colonia burguesa de la ciudad de México: etapa funesta e hipócrita, cuando si una mujer era sensible e inteligente corría el riesgo de volverse loca... No fue sino hasta hace poco tiempo, cuando nació mi hija hace cuatro años, que yo adquirí un compromiso real con la literatura. Un compromiso de ser, por vez primera, yo misma. Un compromiso con la libertad. Antes sólo me estuve preparando para ese momento, leyendo, viviendo. Debo tener influencias literarias, pero no las reconozco: estoy perdida entre una maraña de libros, de conceptos, que he adoptado casi sin saberlo por serme afines, por estar de acuerdo con mi forma de sentir y de pensar. Sin embargo una escritora que me ayudó mucho fue Erika Jong. Su valentía me impulsó a decir, como ella, mi verdad a gritos.*"

Vale agregar que Laura Cárdenas se recibió de licenciada (Historia del Arte) de la Universidad Iberoamericana, terminando su maestría (Estética e Historia del Arte) en la UNAM. *Ha enseñado luego en varias instituciones y ha publicado dos poemarios:* Puerta entreabierta *y* Perseguido olor a casa.

No, yo no puedo echarle la culpa a él.
Si cuando nos casamos hubiera entendido
que no había necesidad de tantas cosas,
que no iba a pasar nada, que el suelo no se iba
    a resquebrajar
ni caer una gran tormenta cuando yo bajara y
    oyera mi voz.
Pero me forcé, quise ser una mujer como todas,
dulce ama de casa, lavadora de ropa automática,
    hacedora de sexo...
Ahora todo se rompe en mil pedazos y los
    cristales no están en el suelo,
están en mi carne y me sangran; los cristales
    me sangran.
Mi único recurso es escribir, allí me encuentro
    a mí misma.
Las palabras son yo. Sólo escribiendo puedo
    verme.
Después y antes yo no sabía quien era. Ratona,
    marciana, lunática,
pero no un ser de este mundo, quizá el eslabón
    que no embona;
la pieza perdida de un rompecabezas que ya no
    importa.
Para concretar algo hay que perder algo,
yo estoy licuándome, deshaciéndome para en-
    contrar eso de adentro,

251

eso que soy inmensamente. La contenedora, la
Coatlicue,

la dueña de todo y dueña de nada, la inmersa
en el aire,

la mariposa, la bruja, la esposa, la madre frustrada, eso soy,

tejedora de sueños, adaptada a los sueños de
todos.

Araña lunar. Envidiosa de estrellas. Eso soy.

Ahora que se rompe todo, no puedo echarle la
culpa a él.

Quizá... recuerdo entonces. La casa inmensa.
Cuando niña. El huerto.

Laura, oía, escondida detrás de un árbol con un
libro robado.

Laura, y yo no respondía.

Desde allí el mundo no existe, sólo una niña
sentada, sola...

Gritos

Mi rebelión

¿Por qué soy diferente?

Maldita diferencia, maldita, y tú devoradora de
libros,

de pinturas, eterna visitadora de museos, de cuevas, de profundidades.

Odiadora de superficies. Maldita seas, ¿sabes?
maldita seas.

Sí, te duelen las texturas lisas, tu superficie es
agrietada,

poblada de montículos, llena de sombras.

Y no puedes tocar, no tocas. Aislada, no te
    aceptas,
no te integras, quieres el pene exacto para tu
    vagina, el exacto.
Y tu vagina crece, y tu vientre crece y te vuelves
    absurdamente esférica,
mujer esfera hueca, hueca.
La sangre te corre, te corre y te vuelves roja
como la luna tocada por un sol que se va.
Se va. . .
Vienes tú, mariposa preñada de ti misma, dadora
    de ti misma.
Dime ¿Dónde inventaste tus sueños?
Tus sueños globos rojos semejante a la vida.
Dime también ¿Por qué te detienes, por qué te
    amarras?
Agarrada de pensamientos como torres. ¿Qué
    esperas?
derriba las torres. No, las ventanas no bastan,
hay que tirar las torres, limpiar los vómitos,
ver cara a cara al sol.
Encantadora de serpientes ¿qué esperas? Tú
    rastreadora de luz,
incinerada de noche, lúcida estrella, títere de
    Dios.
¿Qué esperas?
Las torres se caen.
Emerges del terremoto, del agua, del sismo;
bañada por el viento, inmensamente rota, unida,
    cicatrizada,
convaleciente, monolítica. MUJER.

BESSY REYNA

[Ciudad de Panamá, Panamá, 1942]

A Bessy Reyna se le reconoce como una de las poetas más originales y prometedoras de la nueva generación. Sus textos aparecen con frecuencia en revistas de vanguardia y en suplementos literarios. Algunos de ellos los ha recogido en su poemario Terrarium *(1975), de deliciosa, a veces mordaz, crítica social. De dicho libro presentamos un ejemplo: "Mientras tú."*

MIENTRAS TÚ

Mientras tú
llegas a la casa,
abres una cerveza
observas la televisión
mientras tú
te acomodas en tu sillón de siempre
comentas lo duro que se pasa en la oficina
ocultas las veces que le propusiste a la
    secretaria una cita
las veces que con tus compañeros en el café
    piropeaste a las mujeres

mientras tú
decides a cuál bar irás hoy
o te sumerges en el comercial y esperas la cena
ella
trata de olvidarse de los piropos de mal gusto
que soportó camino al trabajo
de las proposiciones del jefe y los clientes
ella
trata de preparar la cena
arreglar la casa
sonreír a los niños
y pretender que tus escapadas
son un juego pasajero
que tus caprichos son un juego pasajero
y que a pesar de todo ella es una
      Señora feliz.

NANCY MOREJÓN

[La Habana, Cuba, 1944]

Tan pronto como terminó su maestría en Lengua y
Literatura Francesa, Nancy funcionó como intérprete
en el Congreso Cultural de 1961. Tradujo además poe-
mas de Césaire, Roumain, y Depestre. Tras una ex-
tensa y provechosa experiencia periodística, Nancy
ha ascendido hasta ocupar hoy la Dirección del UNEAC
(Unión de Escritores y Artistas Cubanos). Durante
sus viajes por los Estados Unidos, por Europa e His-
panoamérica ha dictado conferencias sobre la vida y la
literatura cubana en universidades y centros culturales.

La poesía de Nancy Morejón enfoca a menudo la
vida de las mujeres —en especial la de mujeres negras,
cómo se aprovechan de ellas, contrastando entonces
la vida de ellas en Cuba, donde se les estima y donde
gozan de libertad de acción.

De las publicaciones de Nancy vale mencionarse:
Mutismos *(1962),* Amor, ciudad atribuida *(1964),*
Richard trajo su flauta, *premiada en 1967,* Lengua de
pájaro *(en colaboración con Carmen Gonce, 1967),*
Parajes de una época *(1979),* Poemas *(1980) y* Octubre imprescindible *(1982). Además de su* Recopilación
de textos sobre Nicolás Guillén *(1974), ha dedicado*
a este poeta un enjundioso análisis: Nación y mestizaje
en Nicolás Guillén *(1982), con el cual ganó el premio*
"Enrique José Varona" y el premio "Mirta Aguirre."

Todavía huelo la espuma del mar que me hicie-
    ron atravesar.
La noche, no puedo recordarla.
Ni el mismo océano podría recordarla.
Pero no olvido al primer alcatraz que divisé.
Altas, las nubes, como inocentes testigos
    presenciales.
Acaso no he olvidado ni mi costa perdida,
    ni mi lengua ancestral.
Me dejaron aquí y aquí he vivido.
Y porque trabajé como una bestia,
aquí volví a nacer.
A cuánta epopeya mandinga intenté recurrir.

    Me rebelé.
Su Merced me compró en una plaza.
Bordé la casaca de Su Merced y un hijo macho
    le parí.
Mi hijo no tuvo nombre.
Y Su Merced murió a manos de un impecable
    lord inglés.

    Anduve.
Ésta es la tierra donde padecí bocabajos y azotes.
Bogué a lo largo de todos sus ríos.
Bajo su sol sembré, recolecté y las cosechas no
    comí.
Por casa tuve un barracón.

Yo misma traje piedras para edificarlo,
pero canté al natural compás de los pájaros
  nacionales.

    Me sublevé.
En esta misma tierra toqué la sangre húmeda
y los huesos podridos de muchos otros,
traídos a ella, o no, igual que yo.
Ya nunca más imaginé el camino a Guinea.
¿Era a Guinea? ¿A Benín? ¿Era a Madagascar?
    ¿O a Cabo Verde?

    Trabajé mucho más.
Fundé mejor mi canto milenario y mi esperanza.
Aquí construí mi mundo.

    Me fui al monte.
Mi real independencia fue el palenque
y cabalgué entre las tropas de Maceo.

Sólo un siglo más tarde,
junto a mis descendientes,
desde una azul montaña,

    bajé de la Sierra
para acabar con capitales y usureros,
con generales y burgueses.
Ahora soy: sólo hoy tenemos y creamos.
Nada nos es ajeno.
Nuestra la tierra.

Nuestros el mar y el cielo.
Nuestras la magia y la quimera.
Iguales míos, aquí los veo bailar
alrededor del árbol que plantamos para el
    comunismo.
Su pródiga madera ya resuena.

JUANA CASTRO

[Villanueva de Córdoba, España, 1945]

En una nota autobiográfica de 1978, Juana Castro declara: "Nací en Villanueva de Córdoba allá por los años del hambre. Miré las encinas del valle de los Pedroches, y estudié magisterio entre un paisaje de monjas y campesinos. Aspiré siempre el dolor de las mujeres, más hondo aún que aquel campo reseco y olvidado. Y ahora voy a la escuela cada día, en Córdoba, y entre los niños y yo componemos un concierto de palabras y dibujos, de estaciones y música. Y rebusco los huecos del día y de la noche, y abro los ojos por encima de este sueño que me trajo tres hijos y un matrimonio que cuenta ya diez años... Lloro en mi libro de poemas Cóncava mujer con todas las mujeres y alzo la esperanza de encontrar nuestro sitio al lado de los hombres."

Según me informa en una carta fechada el 25 de octubre de 1983, Juana reside ahora en Córdoba, donde ejerce como profesora de EGB. Tras Cóncava mujer ha publicado otros dos poemarios: Del dolor y las olas (1981) y Paranoia en otoño, al que le otorgaran el premio Juan Alcaide en 1983.

*(A una niña, mientras
le taladran los oídos.)*

Llora, pequeña.
Te están circuncidando la belleza, llora,
tus tenues agujeros de esclava
pregonarán tu rol desde la sangre.
Te están atando al oro
      para que no recuerdes
ni voluntad ni inteligencia,
para que seas eternamente la muñeca
presa de adornos y miradas.
Tus dos pétalos de rosa taladrados
son el primer dolor de tu recuerdo, llora,
te espera una isla de vestidos
donde cada deseo te mojará las alas.
Un paraíso de espejos,
      de tules y de encajes
te da la bienvenida,
tu mañana tendrá el color del maquillaje.
Los focos, las joyas y las fiestas
      con sus mil tentáculos
matarán tu tiempo atenazado.
Sonreirás
la sumisión standard que te marquen
en el mundo consumo de los sexos.

CECILIA VICUÑA

[Santiago de Chile, 22 de julio de 1948]

"Nací en una familia de escritores, artistas y abogados. Mi educación en la palabra empezó en la biblioteca de mi padre, con el hallazgo de Shakespeare, La Ilíada y La Odisea a los doce años de edad, y con el descubrimiento en los kioscos de revistas de mi barrio, de los mitos americanos. A los catorce años encontré la Antología de la poesía surrealista de Aldo Pellegrini, y el prólogo y los poemas, en especial los de Joyce Mansour y Gisele Prassinos (como mujeres) me demostraron que podía escribir. Al poco tiempo reconocí en mi palabra un tono, una fuerza 'antigua' que identifiqué casi inmediatamente con el universo poético precolombino.

"En esa misma época (1966) empecé a hacer 'arte precario' en las playas y calles de Santiago y Con-cón, obras frágiles que la gente o la marea alta borrarían y que sólo la memoria rescataría. Incluso hoy trabajo la metáfora de lo que des-aparece. (Trabajos presentados en el Museo Nacional de Bellas Artes, Santiago de Chile 1971; Instituto de Arte Contemporáneo, Londres 1974; y Museo de Arte Moderno, Nueva York 1981.)

"La poesía, o lo que permanece, encuentra, igualmente oposición y aceptación, censurada en Chile, Colombia y Ecuador, o recibida como un ritual de gozo y celebración en las lecturas presentadas en Santiago y Bogotá.

262

"Mi educación formal empezó en la Escuela de Arquitectura, Universidad de Chile, que pronto cambié por Bellas Artes (Facultad de Filosofía y Letras). Obtengo título de Profesora de Arte en 1971 y una beca para Inglaterra. Desde entonces vivo lejos de Chile (Londres, Bogotá y Nueva York) y sólo regreso por temporadas."

Los poemas de Cecilia han aparecido en numerosas revistas literarias de Hispanoamérica, Europa y Estados Unidos. Ha reunido algunos de estos textos en Sabor a mí *(1973) en edición bilingüe, Londres; y en* Siete poemas *(1979).*

AMADA AMIGA

Las personas que me visitan
no imaginan
lo que desencadenan en mí.
C. no sabe que sueño
con acariciarla
sin que me vea
mientras le echa dulce de camote
al pan parece que juega
con cálices y piedras sagradas,
el modo como levanta la mano
para llenar el cuchillo
de mantequilla
es un gesto
donde los mares hacen equilibrio
donde las mujeres que tienen frío
se solazan.

263

Tiene oleajes y consecuencias
como una línea en el radar.
Cuando se levanta la falda
para mostrarme el calzón plateado
veo grupos ondulantes de caderas
que repiten la redondez
y la perfección
hasta alcanzar una estridencia grande.

Anhelo que no se mueva demasiado
para alcanzar a vivir en ella
a respirar y dormir
en esas planicies.
Está tan oscuro el muslo
tan brillante el pelo
que parece habla en otro idioma.
Lo que digo es tan torpe
pero cómo voy a decir:

> "Eres tan hermosa"
> "Me alegro tanto
> de que hayas llegado."

Cuando subo el libro del Renacimiento
donde vemos primitivos italianos
quisiera decirte:

> "En esta ciudad te encuentro"
> "Tú eres esas colinas"
> "Tú las pintaste."

Tus dedos son iguales
a la curva de las aletas
de la sirena

representada en la alegoría.
Pero no es exactamente esto.
Tú eres de un país con ciudades
de Lorenzetti.
Tú y yo alguna vez
volveremos a esa ciudad.

No sufras porque en este cuadro
dos mujeres se acarician
yo alguna vez te acariciaré.
No te preocupes de que estés envejeciendo,
tú vas a otra clase de tiempo
y yo también.
Aliméntate del relato que me haces
de la copa de vino
cruzando el umbral.
Aliméntate y enjóyate,
no dejes de soñar con el cuadro
del maestro de Fontainebleu
donde una mujer
le toma a otra un pezón:
durante épocas enteras
nadie soltará tu pezón.

Quiero sufrir
enterrarme en ti,
ahorcarte y hacer un hoyo profundo,
donde te empiece a tapar la tierra
lentamente y ver tus colores
pudrirse bajo el café.

¿No te gusta tanto la combinación
de violeta y café?

No quería hablarte de la muerte
pero ya que la temes tanto
¿cómo no voy a hablar?
Es escaso el tiempo
que tenemos para vernos
y conversar.
Me gustaría ser hombre
para seducirte y obligarte
a que abandones tu casa
y te olvides de todo,
pero esta idea no me gusta.
Separados y solitarios
los hombres siempre están fuera
y nada necesitan con más urgencia
que estar dentro,
probar alguna tibieza,
altas y bajasmar.

Estoy cansada de ti
de tus resistencias
y conciencias.
Nunca te dejas llevar,
me gusta más que no lo hagas,
cuando lo haces
parece que el corazón te va a estallar
                      te va a florecer
                      te va a doler.

266

Es mentira que me haya cansado.
Es de mí que me canso.
Deseo verte nada más
que te enamores de otros
y nunca te apercibas de mí.

Cuando te vistes con camisa de franela
y calcetines de lana
por una semana
y te afeas y avejentas
para morir un poco
quiero estar cuando resucites
y seas una gloria de ojos húmedos
y oscuros.

Quiero ser un indio
que está escondido en las montañas
y nunca viene a las laderas
porque todo le duele.

Iluminarme con mis propias luces.

Naciste del cruce
de tu madre con la muerte,
ni siquiera en la infancia
habrás sido rosada.
Los que hacen el amor contigo
creen que nunca regresarán
que se van a hundir
que les vas a tejer

una tela húmeda en la espalda
y como es probable
que tengas conexiones
con la boca de los volcanes
por ahí tirarás a tus amantes
y si ellos se liberan
es porque te compadeces.

Te tengo miedo
porque no puedes mirarme
como yo te miro
no puedes amarme
como yo te amo
no puedes ni siquiera
desear acariciarme
y vivir algún tiempo conmigo
haciéndome peinados góticos
o pidiéndome que revuelva el té
con la punta de mi pezón.

Tu lado humano
no está a la altura
de tu lado bestial.
Algunos te imaginan dueña
de regiones orgullosas
y llenas de daño,
pero los que te han visto
con fiebre
o en épocas de menstruación
te aman muy en contra

de tu voluntad,
si es que tienes voluntad.
Solamente una intensidad
le da poderes a tu vida
y la muerte se ve acabada
por fuentes peludas
y calientes miradas.

Qué daría la muerte
porque no tuvieras
esos ojos redondos
ni esos senos
ni esos muslos
ni esos tobillos
para dominarte
envolverte y guardarte
de una vez por todas.

LA MUJER IDEAL

Desde hace cincuenta años
se ha estado eligiendo en Inglaterra
La Mujer Ideal.
Cada año incontables jovencitas
concursan en los siguientes rubros:
Elegancia
Rapidez de Arreglo
Belleza
Arte de Cocinar

Arte de Planchar.
La más bella y diligente
obtiene el título.

Otros estudiosos han dedicado
su vida a observar los destinos
de las cincuenta Mujeres Ideales
que lucían tan bellas y normales
durante el concurso.

Se llegó a la conclusión
de que treinta de ellas
se habían convertido en alcohólicas,
diez en drogadictas
y otras diez en Dueñas de Casa
relativamente infelices:

Marie José Berlant: después de algunos años
de vagabundaje sexual
casó con un Conde Mayor,
se hizo alcohólica
y hoy descansa
en un asilo de ancianas.

Juana Mardoquí: felizmente enamorada
casó con un profesional,
fueron muy felices
hasta que él se suicidó
y ella gastó los últimos años
de juventud en el amor.

Jovita Desmanes: aficionóse a viajar,
    después de varias ofertas,
    optó por la soltería.
    Dicen que la heroína
    fue su única fiel compañía.

Estrella Martínez: visiblemente extrovertida,
    alcanzó notoriedad nacional.
    La excesiva alegría
    dio con ella al fondo
    de un canal,
    al que se dirigía a toda velocidad
    en su Mercedes tapizado de Jaguar.

GIOCONDA BELLI

[Managua, Nicaragua, 1948-   ]

En 1970 Gioconda comenzó a publicar sus versos en revistas y periódicos y dos años más tarde le otorgan el premio Mariano Fiallos Gil de Poesía de la Universidad Nacional Autónoma de Nicaragua. Las condiciones políticas de su patria eran tan críticas, que al aparecer su primer poemario, Sobre la grana (1974) tuvo que exiliarse en Costa Rica.

Con su segundo libro de poesías, Línea de fuego (1978), logró el premio de poesía de Casa de las Américas, lo que afortunadamente la dio a conocer por todo el mundo hispánico que ya hoy la considera una de las voces más destacadas de la lírica contemporánea. Truenos y arco-iris (1982) es su obra más reciente. Actualmente Gioconda actúa como co-directora del periódico Barricada de Managua, y organiza programas culturales para la televisión nacional. Divorciada, es madre de varios hijos.

HERMOSURA DE LA DIALECTA

> a Cosme, mi profesor de
> filosofía

Estoy viva

272

como fruta madura
dueña ya de inviernos y veranos,
abuela de los pájaros,
tejedora del viento navegante.

No se ha educado aún mi corazón
y, niña, tiemblo en los atardeceres,
me deslumbran el verde, las marimbas
y el ruido de la lluvia
hermanándose con mi húmedo vientre,
cuando todo es más suave y luminoso.

Crezco y no aprendo a crecer,
no me desilusiono,
ni me vuelvo mujer envuelta en velos,
descreída de todo, lamentando su suerte.
No. Con cada día, se me nacen los ojos del
    asombro,
de la tierra parida,
el canto de los pueblos,
los brazos del obrero construyendo,
la mujer vendedora con su ramo de hijos,
los chavalos alegres marchando hacia el colegio.

Sí.
Es verdad que a ratos estoy triste
y salgo a los caminos,
suelta como mi pelo,
y lloro por las cosas más dulces y más tiernas
y atesoro recuerdos

brotando entre mis huesos
y soy una infinita espiral que se retuerce
entre lunas y soles,
avanzando en los días,
desenrrollando el tiempo
con miedo o desparpajo,
desenvainando estrellas
para subir más alto, más arriba,
dándole caza al aire,
gozándome en el ser que me sustenta,
en la eterna marea de flujos y reflujos
que mueve el universo
y que impulsa los giros redondos de la tierra.

Soy la mujer que piensa.
Algún día
mis ojos
encenderán luciérnagas.

CANTO AL NUEVO TIEMPO

> *a mis hermanos del* FSLN
> *a Tomás, que sobrevivió para verlo.*

Me levanto
yo,
mujer sandinista,
renegada de mi clase,
engendrada entre suaves almohadas
y aposentos iluminados;

274

sorprendida a los 20 años
por una realidad
lejana a mis vestidos de tules y lentejuelas,
volcada a la ideología de los sin pan y sin tierra,
morenos forjadores de la riqueza,
hombres y mujeres sin más fortuna que su vigor
y sus bruscos movimientos.

Me levanto a cantar
sobre los terremotos
y las voces chillonas, desesperadas,
de algunos de mis parientes,
reclamando sus por siempre perdidos derechos,
rabiosos ante los desposeídos
que han invadido plazas, teatros, clubes, escuelas,
y que ahora se desplazan, pobres aún,
pero dueños de su Patria y su destino,
orgullosos entre los orgullosos,
volcanes emergiendo del magma de la guerra
árboles crecidos en el fragor de la tormenta.

Me levanto
sobre el cansancio del trabajo,
sobre los muertos que aún viven entre nosotros,
con los que nunca mueren,
hacia la cumbre de la montaña,
desnudando mi apellido, mi nombre,
abandonándolo entre los matorrales,
soltándome de ropas, de despojos brillantes,
para atisbar el horizonte infinito

de la clarinera madrugada de los trabajadores,
que van haciendo los caminos
con sus azadones y machetes y palas,
atronando el día con las rotas cadenas de los
    siglos
dejadas caer a sus espaldas,
y las mujeres con sus faldas de maíz
—todos los ríos sueltos en sus brazos—
acunando a los niños venidos al tiempo de la
    esperanza,
niños que dejaron atrás la orfandad de los ran-
    chos destruidos
y los padres asesinados.

Viene riendo la gente
con su cargamento de mañanas por construir
y yo canto poseída por las guitarras de la
    Historia
que se anuncia gozosa,
que amanece preñada de dulzura
en los campanarios de los pueblos,
en los reparte-leche, los vende-queso, los echa-
    tortillas,
los cortadores, los campesinos,
los sencillos vencedores de la oscuridad
y las trampas de los politiqueros
—tantos años vendiendo patria, regalando tierra,
concesiones, honra—
derrotados ahora por esta masa turbulenta
que se agita, ondea, se dispersa,

276

grita a voz en cuello sin temor, ni vergüenza,
redimidos de su condición de no decir,
de ser todo sin derecho a nada;
leones soltando al sol
la furia de su belleza.

Canto,
cantemos,
para que no se detenga jamás el sonido de estos
    pasos estallando,
haciendo trizas el pasado,
el brillo de las bayonetas bordeando las fronteras
como una muralla de madres protectoras,
celosamente cuidando a su criatura.
Que manen de la tierra los frutos fértiles
de estos hermosos campos
y resplandezcan las máquinas
trabajando a todo vapor en las fábricas
y salga el sol desparpajado
rompiendo aberturas de puertas y ventanas,
para que tomemos de las crines al tiempo
—alumbre de vientos que barran la miseria—
hombres, mujeres, nacidos con el futuro en
    andas;
que triunfe la poesía, el amor y venga la bonanza,
la tapisca del oro y las mazorcas,
la cosecha de palabra y ejemplo,
el trueno decidiendo a los inciertos.

¡Reino de la alegría, el júbilo, los besos,
te hemos venido haciendo tanto tiempo,
gestando el sol,
ardiéndonos por dentro!

DESAFÍO A LA VEJEZ

Cuando yo llegue a vieja
—si es que llego—
y me mire al espejo
y me cuente las arrugas
como una delicada orografía
de distendida piel.
Cuando pueda contar las marcas
que han dejado las lágrimas
y las preocupaciones,
y ya mi cuerpo responda despacio
a mis deseos,
cuando vea mi vida envuelta
en venas azules,
en profundas ojeras,
y suelte blanca mi cabellera
para dormirme temprano
—como corresponde—
cuando vengan mis nietos
a sentarse sobre mis rodillas
enmohecidas por el paso de muchos inviernos,
sé que todavía mi corazón

278

estará —rebelde— tictaqueando
y las dudas y los anchos horizontes
también saludarán
mis mañanas.

KYRA GALVÁN

[México, D. F., 14 de julio, 1956-   ]

Al decir de Mercedes Durand, Kyra empezó a escribir poesía "desde que jugaba a arrullar a sus muñecas". Ya en la preparatoria fue galardonada por un conjunto de poemas: a los 16 años se entrega plenamente a la poesía.

Kyra nos remite hoy datos que podrán servir de trasfondo a su ideología y ars poética:

"Mi afición por la música coral apareció como algo totalmente instintivo hasta que comprendí el porqué de la atracción: es lo que está más cerca de la poesía. Estudié economía porque quería saber más sobre las relaciones sociales y económicas que rigen nuestras vidas, más sobre el fenómeno-dinero, las clases sociales, la crisis y la Historia. Comencé a escribir en 1972 cuando asistía al taller de poesía de la UNAM que dirigía Juan Bañuelos. En 1977 obtuve la beca de poesía que otorga anualmente el INBA. En 1980 obtuve el primer lugar en el concurso de poesía joven "Francisco González de León" convocado por el INBA y el ayuntamiento de Lagos de Moreno, Jalisco, con el libro Un pequeño moretón en la piel de nadie, *publicado en mayo de 1982. El Centro Mexicano de Escritores me otorgó una beca, de la cual ha surgido ya el borrador de mi segundo libro. He publicado en revistas y suplementos, he sido incluida en algunas antologías y la UNAM (serie 'Material de Lectura' núm. 34) ha publicado una traducción mía de la poesía de Ana Ajmá-*

tova. He hecho también algunas traducciones de Dylan Thomas, uno de mis poetas favoritos. Amo la danza y la leyenda del rey Arturo."

De su originalísimo poemario Un pequeño moretón en la piel de nadie *(1982) nos place presentar tres textos.*

COMO UNA LENGUA DE VACA

Mis almohadas son distintas
como de hotel costeño, húmedas y frías.
Mi cama es como un enorme trigal que me con-
sume.
Todo el cuarto es un bosque de pinos altos
y desde la ventana miro otro bosque.
Por mi pupila alargada y cilíndrica
busco el destello de luz que me falta.
No soy más que una lengua de vaca
esperando en el refrigerador a que vengan por
mí.
Desde aquí sólo puedo ser el carbón, el humo
de este incendio.
(No puedo sacar mis ruedas y transitar)
Soy Leda tratando inútilmente
de seducir a un cisne de transistores.

LAS APARICIONES RUTINARIAS DEL SOL

Todo aquí reside

en lavar el otro lado de la estufa
y recordar a la abuela rosacruz
su baraja española, su afición por Lombsag
  Rampa
y su arte adivinatorio
en esta casa llena de noche y sal de ajo.
Aquí estoy
para limpiar el piso los sábados por la mañana
y olvidarme del amanecer.
No hemos hablado de las apariciones rutinarias
  del sol,
cuando a las mujeres todo se nos hace añicos
porque el sol se nos hunde
y nadie nos enseña a gritar
porque somos el naufragio
de nuestro único cuerpo lleno de vida
y de ignorancia por vivirla.

CONTRADICCIONES IDEOLÓGICAS
AL LAVAR UN PLATO

> *Entre el Yin y el Yang*
> *¿cuántos eones?*
> JULIO CORTÁZAR

Contradicciones ideológicas al lavar un plato.
  ¿No?
Y también quisiera explicar
por qué me maquillo y por qué uso perfume.

282

Por qué quiero cantar la belleza del cuerpo
     masculino.
Quiero aclararme bien ese racismo que existe
entre los hombres y las mujeres.

Aclararme por qué cuando lavo un plato
o coso un botón
él no ha de estar haciendo lo mismo.
Me pinto el ojo
no por automatismo imbécil
sino porque es el único instante en el día
en que regreso a tiempos ajenos y
mi mano se vuelve egipcia y
el rasgo del ojo, se me queda en la Historia.
La sombra en el párpado me embalsama eterna-
     mente
como mujer.
Es el rito ancestral del payaso:
mejillas rojas y boca de color.
Me pinto porque así me dignifico como bufón.
Estoy repitiendo/continuando un acto primitivo.
Es como pintar búfalos en la roca.
Y ya no hay cuevas ni búfalos
pero tengo un cuerpo para texturizarlo a mi
     gusto.
Uso perfume no porque lo anuncie
Catherine Deneuve o lo use la Bardot
sino porque padezco la enfermedad
del siglo xx, la compulsión de la posesión.
Creer que en una botella puede reposar

toda la magia del cosmos,
que me voy a quitar de encima
el olor de la herencia,
la gravedad de la crisis capitalista,
porque a pesar de todo/hembra.
Se dice que las mujeres débiles/que los hombres
      fuertes.
Sí y nuestras *razas* tan distintas.
Nuestros sexos tan diversamente complementa-
      rios.
Yin & Yang.
La otra parte es el misterio que nunca desnuda-
      remos.
Nunca podré saber —y lo quisiera—
qué se siente estar enfundada en un cuerpo
      masculino
y ellos no sabrán lo que es olerse a mujer
tener cólicos y jaquecas y
todas esas prendas que solemos usar.
Dos universos físicos en dialéctica constante
con la nostalgia de una unión duradera
donde la fusión de los dos desconocidos
llegue a la profundidad del entendimiento.
Hay una necesidad compulsiva
de dar razones para la escisión
para agudizar racismos con sonrisas
Y las amigas   y los amigos
            ellos comprenderán
Ellos entienden la distancia que te separa
del amigo/amado/enemigo/desconocido.

Que la reconciliación es un esfuerzo máximo.
La unión, la sublimación
     de nuestros propios misterios.
Que el lavar un plato
significa a veces afirmar
las contradicciones de clase
     entre el hombre y la mujer.

impreso en gráfica panamericana, s. c. l.
parroquia núm. 911 — col. del valle
delegación benito juárez — 03100 méxico, d. f.
tres mil ejemplares y sobrantes para reposición
24 de agosto de 1984

LA CREACIÓN LITERARIA EN EL SIGLO XXI. ANTOLOGÍAS

Arlt, R. *Antología*

Borges, J.L. *Nueva antología personal*

Breton, A. *Antología*

Cardenal, E. *Nueva antología poética*

Caudet, F. (comp.) *El Hijo Pródigo* (antología)

Flores, A. *Narrativa Hispanoamericana 1816-1981.*
Historia y antología

vol. 1: *De Lizardi a la generación de 1850-1879*

vol. 2: *La generación de 1880-1909*

vol. 3: *La generación de 1910-1939*

vol. 4: *La generación de 1940-1969*

vol. 5: *La generación de 1939 en adelante.*
Centroamérica, Colombia, Cuba, Ecuador,
Puerto Rico, República Dominicana,
Venezuela

vol. 6: *La generación de 1939 en adelante.*
México (en prensa)

vol. 7: *La generación de 1939 en adelante.*
Bolivia, Chile, Perú

vol. 8: *La generación de 1939 en adelante.*
Argentina, Paraguay, Uruguay (en prensa)

Jiménez, M. *Poesía de la nueva Nicaragua*

Ortega, J. *Antología de la poesía hispanoamericana*

Paz, O./Chumacero, A./Aridjis, H./Pacheco, J.E.
Poesía en movimiento. México, 1915-1966

Zaid, G. *Ómnibus de poesía mexicana*

Zaid, G. *Asamblea de poetas jóvenes de México*